# ¡GUANTE SIN GRASA, NO COGE BOLA!

**COLECCIÓN POLYMITA**

**EDICIONES UNIVERSAL, Miami, Florida, 1993**

# JOSÉ SÁNCHEZ-BOUDY

# ¡GUANTE SIN GRASA, NO COGE BOLA!

*(EL REFRANERO POPULAR CUBANO:*
*Los refranes del chuchero, de los estibadores,*
*de la bodega, del amor, del guaguero...*
*y otros estudios)*

.--EDICIONES UNIVERSAL

Primera edición, 1993

EDICIONES UNIVERSAL
P.O. Box 450353 (Shenandoah Station)
Miami, FL, 33245-0353. USA
Tel: (305)642-3234     Fax: (305)642-7978

Library of Congress Catalog Card No.: 93-72260

I.S.B.N.: 0-89729-700-8

Dibujo de la cubierta anterior por Manolo Menéndez

# ÍNDICE

*A las extraordinarias Concha Alzola*
*y Beatriz Varela.*

# REFRANERO POPULAR CUBANO Y OTRAS CUESTIONES

El cubano siempre dividió, en estamentos, al lenguaje popular. Usaba aquel que no tenía, para él, matices de vulgaridad o de demasiada bajeza. Rechazaba, terminantemente, lo que él creía lenguaje del chuchero porque éste era un tipo delinquente, o demasiado populachero.

En el caso del chuchero, a tanto llegó la aversión, que palabras, por castizas que fueran, que usara el chuchero, recibían la reprobación general.

Así, "jeta", era considerada de mal gusto por el cubano. El que la utilizaba no encajaba dentro del término de "persona decente". Y es, sin embargo, como tantas veces he dicho, hablando de esto, una voz castiza que se encuentra en Cervantes.

Si volvemos a los estamentos del lenguaje popular, vemos que ningún cubano de la clase media le diría a su novia: "salpícame de chicle que quiero morir pegado", para indicarle que se "pegué a él", "que lo abrace".

Ni menos, una muchacha le iba a decir al novio, en vez de: "sí, te acepto", esto: "atraca al puerto, barón".

Estamos hablando de un lenguaje popular de clases muy populacheras. Sin embargo, otro cubanismo: "se le escapó a Tamakún por debajo del turbante", se oye en todos los medios sociales cubanos. Es aceptado. Indica que: "alguien es inteligente". Lo mismo podemos decir de su sinónimo: "tener tiza en el cerebro".

De ahí que el lenguaje "estrictamente popular" no se recopilara en Cuba. Se recopilaban solo los cubanismos, que llamaban "voces cubanas" y que se contraían al nombre particular que el cubano le había dado a los objetos, a las plantas, etc.

En este caso tenemos: "*java*": saco; "*chipojo*": especie de lagartija. No obstante lo anterior, Constantino Suárez, *El asturianito*, a comienzos de la República, en su diccionario, tan olvidado, hasta que lo hemos resucitado en el exilio, incluye cubanismos que usaba todo el pueblo de Cuba, O sea, como hablaban las clases populares cubanas, incluyendo en ellas a todos los estamentos sociales de las mismas.

Y mas tarde, una gran linguista, la Dra. Concepción Alzola, en 1961, en *Anales del Folklore*, en Cuba, nos ofrece un gran número de voces populares.

Sin embargo, no es sino en el Exilio, es decir en el conglomerado nacional que forman los cubanos que huyen del comunismo cubano, que empieza la recopilación del lenguaje popular cubano en todos sus categorías. Se da como hablaba el pueblo cubano.

Basta citar, en este empeño, a José Pérez y a Antonio Carbajo, que desde los inicios del exilio empezaron la tarea y publicación de "como habla el cubano".

Este último ha recopilado, en los primeros años de Exilio, Canciones cubanas; Picardía cubana (Cuentos, chistes, adivinanzas, refranes, y poesías picarescas, en fin, una gran cantidad mucho folklore cubano.

De esto hay mucho que hacer. Por ejemplo, la picardía cubana, manifestada en los versos que el cubano escribía en los servicios sanitarios o en la calle, no se ha llevado a una antología.

Bueno es recordar dos de estos versos. Por ejemplo, siendo alcalde de la Habana, Domingo Méndez Capote, un versadísimo abogado que había estado en la manigua y que fue el autor del Codigo Penal del Ejercito Mambí, dictó un bando prohibiendo orinar en la calle: en la vía pública.

Un guasón cubano le escribió estos versos, que se popularizaron enseguida, en las paredes de la Habana, debajo de la copia del bando, que decia: CINCO PESOS DE MULTA POR ORINAR EN LA VIA PUBLICA.

> Versos:  Piña mamey y zapote
> ¿cuánto cobra por cagar
> el Dr. Méndez Capote?

Y los versos, de mucha picardía, que vi en un servicio sanitario, de mala clase, en la ciudad de Matanzas, rezan así:

> "En este lugar de moda
> mi americana colgué,
> se cayó, se ensució toda,
> ponga un perchero y no joda,
> señor dueño del cafe".

Otro cubano guasón puso debajo de estos versos, los que cito a continuación:

> "Aunque yo no soy poeta
> yo te quiero contestar
> aquí se viene a cagar
> y no a colgar la chaqueta".

Y hasta bien avanzado el exilio, a pesar de lo terrible que es éste, espiritualmente, la picardía cubana ha seguido, y hay un sinnúmero de poesías cubanas como éstas, esperando por ir a un volumen.

La que copio es una poesía negra. Se la debo a mi compañero de profesion: Dr. Héctor Romero. Utiliza la historia para hacernos reir. La poesía es anónima:

> En una charanga en Songo,
> me encontré una negra conga
> que poseía una tonga
> de gusto en el borondongo.
> Enseguida le propongo
> salir a bailar pachanga
> le pongo la burundanga
> cuando bailaba una rumba
> y a poco rato, Lumumba
> estaba entrando en Katanga.

Ha habido mucha negligencia con nuestras cosas. Se necesitan muchos Samuel Feijoó, recientemente fallecido, y personas como las nombradas y otras cuyo nombre no he dado por falta de tiempo, que han mostrado un gran amor a lo criollo, a lo nuestro: a lo que forma el hondón de nuestra alma.

A mucha negligencia se ha debido que no se hayan recopilado refranes como los que voy a dar. También, al rechazo, muchas veces, por los estamentos altos de nuestras clases más encumbradas de ayer, del lenguaje popular.

Aquí presentamos refranes procedentes del campo de la pelota. En esta área hay muchos refranes y muchos cubanismos.

La pelota–"base ball"– es el deporte nacional cubano. Es por eso que existen innumerables cubanismos y refranes provenientes de ella.

Presentamos, además, los que brotaron del área de los autobuses–llamados en Cuba, "guaguas". En el transporte público se aprecia, muy bien, la sutileza del refrán popular. Porque en esta vía de comunicación se mezclan casi todas las clases sociales cubanas.

También traemos refranes que se originan en los diferentes juegos de azar que existieron en Cuba. El juego en Cuba era un vicio que se necesitaba irradicar. Sobre el dejó una Memoria Clásica, en el siglo XIX, Jose Antonio Saco. Así mismo, refranes del círculo del automóvil; del tranvía de la prostitución.

Algunos refranes de los que proceden del campo de la pelota son los siguientes: *Si no corres como un venado, no robes la segunda*: No te arriesgues si no tienes cualidades. (En la pelota, el hombre que está en la primera base puede arriesgarse a robar la segunda base, pero necesita, para ello, buenas piernas); *Si el "picher" –lanzador– no se descuida ni el venado se le escapa*. (Al que vigila a sus enemigos éstos no le sorprenden). *El que roba la segunda lo agarran fácil en tercera*. (El que se arriesgó una vez y triunfó, el enemigo lo vigila). *Con "picher"–lanzador–que batea duro ándate con disimulo*. (Mucho cuidado con el que tiene muy buenas cualidades y está peleando en contra tuya. Por regla general, el "picher"– del inglés: pitcher–, el lanzador, no batea, o sea, no le da duro a la bola). *El que da mucho "fao", se poncha o batea "jon ron"* – del inglés, "home run"–. (El que "da "faos", es decir, el que no echa la pelota hacia delante, hacia el cuadro, o la saca fuera de sus marcas de derecha o izquierda es peligroso, porque en el "fao" se le da a la pelota. El dar "fao" significa que tiene buena vista. Un día encuadra la pelota y "batea" un "jon ron' *Al "picher" que tira rectas siempre le batean la pelota*. (El que siempre tiene la misma técnica, el enemigo lo derrota). *Para el que tiene vista no hay bola rápida*. (Al que tienen condiciones no se le puede derrotar).

Del campo de las guaguas, autobuses, presentamos, ahora estos. Empezamos con: *Guaguero –chofer del autobús– con "mota" es persona de baja estofa*. (La "mota" es la aglomeración del pelo a ambos lados de la cabeza. Recuerda al pelado del chuchero, un personaje de germanía despreciado por el pueblo cubano. De aqui el refrán); *Guaguero con palillo no le des ni un pelillo*. (Algunos guagueros se ponían un palillo en la boca, de medio lado. El que esto hace es considerado persona de baja estofa por el cubano. De aquí el rafrán, que es sinónimo del anterior); *Mujer que ama a un guaguero pierde el trasero*: (Como al guaguero se le consideraba persona de baja estofa

12

se entendía que la mujer que andaba con un guaguero, ponía en peligro su virginidad. Y de acuerdo con las costumbres la mujer tenía que ir virgen al matrimonio); *El guaguero y el norte, tiran cortes.* (Se refiere que el guaguero hace daño; toda relación con él; como hace daño, el frío (el norte) en Cuba) "Tirar cortes es "ser peligroso". *De transferencia y guaguero huye ligero* (Para coger otra guagua, cambiando así de ruta, se daban transferencias. La amiga o amigo del guaguero las conseguía gratis. El refrán indica, que el que recibe favores de un guaguero tiene problemas a la larga).

En el reino del juego de azar, como es el juego de la charada o la bolita, nos encontramos, de la misma manera, infinidad de refranes. En estas ponencias oiremos muchos de ellos. He aquí un buen número de los mismos.

*Nadie coge mariposa sin mancharse las manos*: El que juega siempre pierde; siempre le va mal. ("La mariposa" es el número 4 en la charada, un juego de azar cubano muy popular. Cuando alguien coge una mariposa ésta le deja el polvo de las alas en las manos); *El que juega a presidente también juega a muerto grande.* ("El presidente" es el diez en la charada y el "muerto grande" es el sesenta y cuatro. El refrán quiere decir: el que "va por lana sale trasquilado", como reza el refrán español, porque el juego nunca paga). *Luna por tejado rompe tejas.* ("Jugar no paga", es lo que significa el refrán. En efecto, el banquero, en la charada hace un versito, como, por ejemplo, "animalito que camina por los tejados". Como el cuatro es gato y este animalito camina por los tejados resulta que la gente lo juega, pero el banquero, que se las sabe todas, dice que el número ganador es luna, porque la luna hace figuras de animales en los tejados y todo el mundo, así, queda esquilmado). *Cortarle la trenza a la china cuesta un ojo.* (La China es otro tipo de juego clandestino. Aquí el refrán indica que jugar lleva a la ruina.

Del círculo automovilístico proceden todos estos: *Carro sin picó* ("pick up" en inglés: arrancada rápida) *no hace millaje.* (Quiere decir que el que no tiene cualidades no triunfa). *Carro con doble chapa no llega lejos.* (Uno no debe dejar que lo dirijan. Se refiere a una de esas situaciones, en que, el que va al lado del que maneja, le quiere indicar como hacerlo. Lo que hace es distraerlo y exponerlo a que se vea envuelto en un accidente); *Carro con doble carburador o llega o explota* (El que tiene buenas cualidades debe manejarlas bien para no tener problema. El doble carburador hace correr mucho al automóvil –carro en cubano– pero gasta mucha gasolina. Es decir, un carro con doble carburador puede, también, llevar a la ruina); *Quien esmerila motor hace primor* ("Esmerilar el motor", es sacarle el carbón dejándolo en las mejores condiciones para funcionar. Así que el que trata de pone a funcionar sus virtudes al máximo logra gran éxito, dice el refrán; *El que baja la capota, el viento le lleva la cabeza* (La capota es la lona que cubre al carro convertible. El refrán nos indica que el que se descuida, sufre daño; es derrotado).

En el círculo del tranvía he recopilado estos que siguen mostrando la sabiduría popular del cubano: *El que coge nueve puntos se descarrila rápido*. (El que se deja guiar por la pasión, dice el refrán, rápidamente fracasa. Cuando un tranvía cogía los nueve puntos iba a altísima velocidad para un vehículo de su clase. Se descarrilaba fácilmente); *Tranvía que pierde alambre, fracasa* (El que pierde el rumbo en la vida, fracasa, nos indica el refrán. El tranvía recibía la velocidad del tendido electrico; del alambre eléctrico. Cuando el "trole", el palo por el que recogía la electricidad no iba por el alambre, el tranvía se paraba. Este refrán, quiere decir, igualmente que el que pierde un buen contacto fracasa muchas veces).

Con respecto a la prostitución he oido estos refranes en Cuba: *Perfume de puta, disputa* (Se dice del hombre que engaña a su mujer y no se cuida. Le pegan el olor a perfume y tiene un lío en la casa. (Las prostitutas usaban un perfume llamado "Siete Potencias" que era muy pegajoso); *El que baila en Academia pierde el cornetín* (Este refran indica que el que se acuesta con una prostituta –bailar en academia– puede coger una enfermedad venérea. Las "Academias de Baile" o simplemente: "Academias", eran sitios de bailes donde las que bailaban eran casi siempre, prostitutas).

El refranero popular cubano es extensísimo como iremos viendo paulatinamente. Nunca ha sido recopilado totalmente. Lydia Cabrera lo hizo sólo con respecto a los negros. La actual situación cubana ha hecho que mucho de él se haya perdido.

# REFRANERO DEL CHUCHERO

Comencemos con una introducción. El guapo y el chuchero son dos manifestaciones cubanas.

El guapo se origina dentro de la chusma de las flotas que por largos meses esperan en la Habana viento favorables para partir con el cargamento de oro y plata y de maderas preciosas, entre otras cosas, para España. La Flota proveniente de Argentina y del Perú; de todo el continente.

La mayor parte de los marineros son maleantes y pícaros. Y para subsistir en el ambiente de la marinería se convierten en guapetones. Tienen, además, un lenguaje metafórico, que va a permear el habla del guapo y del chuchero en la Cuba del cuarenta. Y aun hoy en cuanto al guapo porque el chuchero ha desaparecido.

El guapo se origina igualmente dentro de los negros curros que con tanto acierto ha estudiado el sabio Fernando Ortíz. Estos son los negros que habitan en el Manglar, una sección de la Habana que hoy en día ocupa la Escuela Normal para maestros.

Estos negros, como es natural engendran al guapo como una actitud defensiva contra la sociedad criolla-española que los rodea. Engendran, así mismo, al chuchero. El negro curro era un chuchero. Basta ver, para ello, una de las estampas del pintor Landaluce donde aparece.

El guapo tambien es engendrado por el ñaniguismo, una secta de negro que tenía, entre sus características principales, el uso de la violencia. Hoy en día, decir "negro guapeton" es decir "ñanigo".

Del negro va tambien el chuchero a heredar el lenguaje metafórico, e innumerables palabras africanas: –*Nalga bolú efo*: homosexual; *monina*: *acoy*: amigo; *kile*: mucho etc.

En el chuchero se funde el guapo. El chuchero es guapetón de barrio. Tiene, como el guapo, diente de oro: escupe por el colmillo en gesto peculiar: camina adoptando pose de perdona vida.

Este caminado es tan peculiar que chucheros que dejaron de hacerlo, aún en la Cuba de hoy, en la marxista, siguen caminando como antaño, como la década de los cuarentas, cuando aparecieron y florecieron.

15

Los árabes llevaron el refranero a España, es decir inculcaron al español la tendencia a sintetizar el pensamiento en refranes. Lo mismo sucedió con los negros en Cuba: Ahí está, para probarlo, esa recopilación que Lydia Cabrera, la etnóloga que con Fernando Ortíz ha profundizado en las más reconditas fosas del alma negra, publicó y que tituló: *Refranes de negros viejos*.

Y como el chuchero a pesar de alma delicuencial es parte de la tradición de la dotación de la flota, dada al refrán, y del negro, es natural que también exista un vasto refranero chuchero, que responde a la perspectiva mental del chuchero y que es expresado en su habla de germanía.

Algunos de esos refranes los vamos a presentar aquí. Empezaremos con los que están relacionados con la *mujer*. El chuchero tenía un sentido despectivo de la mujer.

La mujer existía para fornicarla, única y exclusivamente. O para explotarla: infinidad de chucheros eran chulos.

El chuchero, por otro lado, como toda persona con alma de chulo, tenía mucho recelo de la mujer; recelo que llevó a los refranes.

Si la mujer era buena, al chuchero no le importaba. El chuchero no miraba al alma de la mujer, esa alma estudiada como nadie por Gina Lombroso y por Severo Catalina, sino el cuerpo. Lo que importaba es que la mujer estuviera "buena", "santa", "sangandonga": Bellísima de cara y cuerpo. –Y sobre todo que tuviera un fondillo –"atrile"; "famba"; "cuarto famba", "Loma de la Candela", etc en el lenguaje chuchero– grande; prominente. Que fuera lo que dice una canción cubana clásica: "el volumen de Carlota".

Las caderas anchas y el fondillo prominente son dos de los arquetipos de la belleza femenina cubana. "Las caderas que parezcan lanchas", como dice la canción popular.

El chuchero se sentía superior a todo el mundo. Dice un refrán chuchero: *encorio* –zapatos– *con panza e burro* –sombrero alón– *hacen disturbio*. Así vestía el chuchero.

Como el fondillo, el trasero, es el guía de la belleza de la mujer, así lo afirma el refranero chuchero: *"Famba voluminoso moropo roto"* ("Fambá" es trasero y "moropo" el cerebro. Así lo afirma: *"Si te dan con el famba eres "aut"* –del ingles "out" término del base-ball– *de verdad"*; *"El famba con las flotantes rompen el cigueñal al instante"*; *"El que resiste un famba es Satanás y Aguarrás"*; *"Famba que se menea te tira de la azotea"*; *"Guapacha como langosta, es de riposta"*.

16

"Dar con el famba" es "entregarse" a un hombre, una mujer con trasero voluminoso; "ser aut" quiere decir que perdiste, y no es lenguaje del chuchero sino una expresión "beisbolera" (del "base ball" viene la palabra) o sea tomada del juego de pelota; "las flotantes" son los senos grandes. "Romper el cigüeñal" también proviene del lenguaje popular y significa: "quedar totalmente rendido a los pies de la dama" (en este caso); "Ser aguarrás" es ser muy fuerte de carácter; no dejarse vencer por el famba: culo, de la mujer; "Tirar a alguien de la azotea", en el refrán mentado es "volverse loco" por una mujer; "el guapacha" es el trasero "guapacha de langosta" es un trasero largo, que casi se curvea, como el de una langosta; "ser algo de riposta" proviene de la cantera del habla popular cubana y significa: "ser muy bueno". (Sobre el guapachá hay una canción muy popular del cantante cubano Rolando Laserie. Popularizó el cubanismo: "te doy con el guapacha".

También hay refranes cucheros sobre los ojos de la mujer a los que él llama socarios. He aquí dos de ellos: *Socario cimarrones duelen más que los limones*".

El limón cuando se echa en una herida arde mucho. "Socarios cimarrones" son ojos grandes y bellos.

El segundo refrán reza así: *Socarios de lea barata, son de hojalata*". Con ello el chuchero quiere expresar que no es conveniente andar con una mujer que no sirve para nada, que es de muy bajo estrato social aunque tenga bellos ojos.

La desconfianza de la mujer se muestra en refranes como estos: *Leita que pide orologio, de Marina y morrocoyo*": La mujer que pide dinero (el chuchero lo expresa con una metáfora: "pide orologio", es decir, "un reló". La palabra italiana orologio, como se ve, forma parte del lenguaje del chuchero que agarraba todo lo que le parecía exótico y lo incorporaba a su habla; se expresa en refranes como éste: *Leita que como alpiste es fumeca aunque de fista se viste*" ("Ser fumeca" es ser mala; "comer alpiste" es prestar atención al enamoramiento; "vestirse de fista" es hacerse que vale, la mujer, mucho. "Comer alpiste" y "vestirse de fista" provienen del lenguaje popular cubano).

El chuchero indica, así mismo, como enamorar a la mujer. Y nos dice: *Leita que se da lija, curricán con caramelo*": a la mujer que se cree que vale mucho, que es una gran belleza, se le dicen palabras bellas: se le impresiona, por largo tiempo. "Leita" es mujer joven; "dar currucán" es un término que proviene de la pesca: es tomar tiempo con el pescado, en lenguaje cubano; "dar caramelo" es enamorar con

17

palabras dulces. Ambos cubanismos, "dar currican" y "dar caramelo" pertenecen al lenguaje popular cubano.

El chuchero dice: *"Una lata y banda blanca dejan a la jevita manca"*. Esto quiere decir que el que tiene un automóvil bueno, con ruedas con bandas blancas, puede conquistar fácilmente a la muchacha. Esto último lo expresa el chuchero con una metafora: "deja a la jevita manca".

Aparte de estos refranes que hemos utilizado líneas arriba, hemos recopilado otros de estas áreas: *"El que confía en la lea, camina para piedra fina"* (El chuchero muestra su desconfianza ante la mujer y nos dice que el que se confía en una mujer termina condenado a larga pena. "Caminar para piedra fina" es lenguaje popular y significa eso: ser condenado a veinticinco años de prision. "Piedra fina" es el número veinticinco en una lotería cubana, cubana llamada bolita); hemos recopilado; *"Lea que quiera con kile no se encuentra ni en patines"*, donde se nos dice que las mujeres nunca quieren mucho ("con kile", mucho, palabra típicamente del chuchero) y que ni cogiendo patines para ir a todos los sitios, que es lo que indica el refrán, se encuentra una: no se encuentra ni en patines: nunca (Este cubanismo es del área de la cantera popular); *"La lea que es fácil te pone los trole fácil"*. ("La mujer que se da fácilmente, fácilmente engaña ("Poner los trole", proviene de la masa del pueblo y quiere decir: engañar. Los troles son las barras que unen a los tranvías al tendido eléctrico); *Lea con atrile grande como jama carburante* (indica que una mujer hermosa, con un atrile –culo– grande come mucho dinero: "jamar carburante". *Flotantes grandes se caen"* (los senos grandes no duran erectos); *"Lea que no baja guanajo chágara por la jeta o el famba"* (muestra aquí el chuchero que es un chulo. "Bajar guanajo", cubanismo de creación popular, es "dar dinero" y la "chagara" es la navaja, una de las tantas palabras castizas que el chuchero utiliza y las cree propias como "chamullar", por ejemplo o "la jeta" que aparece en Cervantes. "El famba" es el trasero. El refrán indica que si la mujer no le da dinero hay que picarle la cara o el trasero).

Este refranero chuchero es vastísimo. Véanse los siguientes ejemplos que cubren una enorme gama de situaciones: *"el que le mete al encufo está tufo"* –el que va a la cárcel (encufo) esta marcado (tufo) (huele mal)–; *Caminado de tomeguín compra yegua*: el que camina como homosexual es homosexual. ("Caminado de tomeguín" es, "caminar del pájaro llamado Tomeguín" y "pájaro" es homosexual como

18

lo es la voz "yegua"); *"El que te salpica de chicle casi siempre vira la papeleta"*, donde afirma que hay que desconfiar del que te da cariño: "salpicar de chicle". Puédete engañar: "virar la papeleta".

En esta área hay muchos mas: *"Salpicador de chicle, maraña segura"*, análogo al anterior en su significado ("maraña es lío) y *"El que te da majarete lo mismo te da tolete"*, un sinónimo del anterior. "Dar majarete", un dulce cubano, es "dar cariño".

Como el chuchero se jactaba de guapo, es natural que haya muchos refranes en esa área. Doy a conocer algunos de ellos ya que esta materia es virgen, es decir, nunca había sido estudiada en Cuba.

Helos aquí: *"Al que te toca el inán mándalo para el hospital"* o sea al que te toca el trasero dale su merecido mandándolo para el hospital: ("Inan" es trasero); *"Al que se lanza de achero pártele el culero"*: el que se las da de guapetón contigo dale su merecido ("lanzarse de achero" es hacerse el guapo o, como se dice en el lenguaje popular: "echar guapería". A este hay que "partirle el culo"; así se dice en castizo. "El "culero" es "culo". Es un "eufemismo linguístico" que usa el chuchero); *"Cuando el leo no te aboque hasta donde dice "trade mark"*: Si el individuo no te gusta métele el cuchillo hasta el mango (hasta donde dice trade mark). "Abocar" es lenguaje castizo que el chuchero revindicó como propio. "Hasta donde dice "trade mark" (marca registrada) es lenguaje popular; hasta el cabo. Los cuchillos que se vendían en Cuba llevaban ese sello de fabrica: trade mark). "Nague", la persona, el amigo, es "lenguaje popular" pero usado extensamente por el chuchero); *"El que chamulla barato coge ventrecha de plato"*: "al que se hace el guapo, contigo, mátalo". ("chamullar barato" es hacerse el guapo. Es lenguaje exclusivamente chuchero. "Coger ventrecha de plato", igualmente. Es la forma chuchera de decir el cubanismo: "le partieron la ventrecha": lo mataron); *"El que no ha estado en el emboque es palitroque"*: "el que no ha ido a la cárcel es un débil", ("emboque" es "cárcel" y "palitroque" es un palito fino de pan hecho de harina).

Pero no todo era ser guapo. El chuchero también trataba de apaciguar cuando tenía todas las de perder. Entonces sentenciaba: *"Ante que el hierro usa la sin hueso"*: ("La sin hueso" es la lengua. Es lenguaje castizo igualmente reivindicado por el cuchero como propio. "El hierro" es lenguaje popular. Es el "cuchillo".

Sentenciaba: *"el que come mamoncillo se atraganta"*: el que se hace el guapo perece. Este refrán, por sus características, parece haber sido tomado por el chuchero del campo cubano, del campesino cubano: el mamoncillo es una fruta. Así como éste: *"el que come marañon no resbala la sin hueso"*: el que pone voluntad no canta ante la policía. El marañón cuando se come aprieta la boca porque es una fruta que tiene esa propiedad.

Aunque el chuchero se trataba de hacer un hombre y señalar que estaba listo a matar y a ir a la cárcel la cosa no era así. Eso era de boca para afuera. Por eso hablaba de esta manera: *"Si chapean bajito hay que meterle al pierrili"*: cuando la cosa esta díficil: "chapear bajito", hay que correr: "meterle al pierrili". "Pierrili" es un préstamo del caló, como mucho del lenguaje del chuchero.

Hablaba de esta manera: *"Polisman que se avecina pierrili y no fumina"* "Cuando viene el policía –polisman: Del inglés police man– hay que correr y no usar la pistola: "la fumina"; *"Ante el juez bota la fumina"*: no discutas con el juez; *"Donde el juez te encana cambia de manzana"*: múdate de la manzana o sea de donde vives. "Manzana" es castizo, y significa un cuadrado de cuatro cuadras; *"Si el rufo se desorbita y se asoma el polisman agua fría aquí"*: cuando viene el policía y uno esta enmarihuanado bajo los efectos de la marihuana, hay que mantenerse quieto.

El chuchero alardeaba de su vicio: el fumar marihuana. Por eso decía: *"Lo mejor del pichón es la puntica y el vacilón"* Indicando que cuando el cigarro de marihuana –pichón– se estaba agotando, estaba en la puntica, se le chupa duro y se disfruta así el vacilón: el estar enmarihuanado. Este refrán yo lo he oido así mismo de esta forma: *"lo mejor del pichón* –cigarro de marihuana– *no es la puntica sino el vacilón.*

Alardeaba de su vicio: *"El que se aguanta un Joe Luis es un achón y te parte el esternón".*

El "Joe Luis" es un cigarro grande, casi un puro, y muy fuerte, de marihuana. No todo el mundo lo puede fumar. Para el chuchero, el que lo lograba era un achón –un guapetón de verdad– capaz de matar a cualquiera, es decir, que jamás tenía miedo: "que le partieran el esternón".

Pero se trataba de un alarde. El chuchero usaba el elogio sobre todas las cosas para evitar problemas. Sabía lo que consigue la palabra. De ahí que dijera: *"El que chamulla barín tumba los cocos, monín".*

"Para el chuchero, el castizo "chamullar" era lenguaje propio. "Barín" –lenguaje popular– "bueno". Tumbar cocos" quiere decir hacer algo muy bueno. Cuando una mujer tiene unos ojos bellos se le piropea diciéndole que "tienes unos ojos que tumban coco y funden bombillos". Es lenguaje popular. "Monín" es amigo "(Es trato cariñoso)".

Decía: *"Al que le gusta ser barin chamúllale con la guataca"*. Si ves que la persona es susceptible al halago, háblale elogiándole: "chamullar con la guataca" es elogiar. En el lenguaje popular cubano: "guataquear" es elogiar asquerosamente.

"Gustarle a alguien ser barín" es gustarle ser importante". "Ser barín" pertenece al lenguaje popular cubano.

Del mismo tono es el que sigue: *"Al que le gusta ser barín dale aserrín"*.

Dar aserrín es elogiar para darle brillo a una persona como el aserrín da brillo en los pisos de granito por el que se pasa. El refrán nos dice que se le debe llenar el ego, para tenerlo del lado de uno, al que sueña con ser importante.

El chuchero, por lo tanto, sabía que la guapería no pagaba. Y mientras se hacía el guapo, seguía añadiendo refranes a su lengua: *"Mujer que se guilla de fista es fumeca lea engañadora"*: "la mujer que se hace la buena no sirve para nada: es fumeca lea engañadora".

Por cierto, que en este refrán el chuchero usa la letra de una poesía chuchera que empezaba así: "Eres fumeca, lea, engañadora".

"Guillarse", presumir de lo que no se es, pertenece al lenguaje popular.

El chuchero seguía añadiendo refranes: *"Si te cogen en un afano echale la culpa a un guanajo"*: si te sorprenden robando ("afano" es "robar") no confieses y échale la culpa a un bobo. En general: no confieses nunca.

Sí, el chuchero creaba refranes continuamente, y seguía a éste en su diarío batallar: *"Legisla con el moropo o quedas fuera de foco y corrido en la pantalla*: "Piensas bien o fracasas estruendamente".

El chuchero ha legado al lenguaje popular, con su habla peculiar, una serie de refranes que, aunque vienen de la germanía, no dejan de estar cargados de sabiduría, aunque sea picaresca.

# MÁS DEL REFRANERO CRIOLLO

De todas las ramas de la vida los cubanos han hecho refranes. En todos ellos se muestra la sapiencia de un pueblo y su hondo análisis de la vida.

Sabemos como del árabe recibió el pueblo español la tendencia al refrán, aunque no se puede olvidar que la máxima ha sido una constante en la civilización de los pueblos antiguos y no se puede echar a un lado en las investigaciones sobre el refranero.

En el ensayo anterior hemos indicado como a lo español se unió la sabiduría del esclavo africano que legó al pueblo de Cuba un macizo cuerpo de refranes, muchos de los cuales, por la etnóloga Lydia Cabrera, fueron recopilados.

En este ensayo nos proponemos presentar una lista de refranes hasta ahora inéditos como los anteriores.

Muchas veces, el refrán, sobre todo, entre el campesinado cubano, sigue el patrón del español, como este que equivale al castizo: "El que siembra vientos recoge tempestades". Como éste: *"El que es piña de ratón recoge espinas"*. La "piña de ratón" es una mata del campo cubano que tiene muchas espinas.

También del campo cubano es este refrán: *"Venado que come mata recoge plomo"*: el que no se cuida, el que no esta alerta, puede morir a mano de su enemigo. Y es que el venado estando detrás del matorral, teniendo a los cazadores persiguiéndolo si tiene hambre, se come las matas exponiéndose a una muerte segura.

Sobre la policía, a la que siempre el cubano le ha tenido ojeriza –a la policía o a todo hombre en uniforme– existe este refrán: *"Azul con palo y sin palo asoma tigre, y bien temprano"*: todo hombre con uniforme es una bestia.

El policia en Cuba vestía de azul y llevaba un palo a la cintura. Siempre el cubano, repito, miro a la autoridad uniformada con mala cara.

El pasatiempo nacional en Cuba es la pelota. Es, por lo tanto, natural, que de ella, del "base ball" vengan infinidad de refranes. Uno de ellos es: *El que toca planchita también batea*: todo hombre es un mundo y por lo tanto a ningún hombre se le conoce bien. Hay que estar siempre alerta.

"Tocar planchita" es darle muy suave a la bola para sorprender al equipo contrario. Pero ese mismo que "toca planchita" puede darle muy duro a la pelota, por lo que hay que estar siempre alerta.

Una muestra de como el refranero pertenece al alma nacional cubana es este campesino que es sinónimo del anterior: *"Cuando vuela la paloma si no le tiras te embroma"*: no se puede perder la oportunidad. Hay que estar siempre alerta.

Pero volviendo al área de la pelota nos encontramos con otro: *"Picher que mucho se vira sorprende"* que equivale al español: "el que persevera triunfa".

Este es otro ejemplo de que el refrán español ha permeado toda el alma nacional cubana. Ya no se trata del campesinado, sino del citadino que sigue a un refrán español.

Expliquemos este refrán: El "picher", voz que viene de la inglesa "pitcher", es el lanzador en el juego de pelota. Cuando "tiene corredores del equipo contrario en base" estos tienen que estar encima de la almohadillas que señalan la primera, la segunda y la tercera base. Pero nunca lo hacen, con el fin de echar a correr y "robar una base", o sea alcanzar la base que le sigue a la que ellos están. Por eso el "picher" se vira y tira al custodio de la base donde se encuentran para sorprenderlos cuando no la están tocando, a la almohadilla. Lo que se llama: "sorprender fuera de base".

De la misma área es: *"Bate de fongueo no sirve para batear"*: "Hay que hacer en cada situación lo que cada situación exige. Usar en ella lo que ella exige. El carácter que ella exige. El arma que ella exige.

Para practicar, antes del juego, se usa para darle a la pelota un bate ligero que se llama "de fongueo" o "bate de fonguear" el que es muy liviano. Si se le da duro a la pelota se parte.

Contra el juego de azar el cubano ha creado, igualmente, refranes. He aquí algunos de ellos: *"El que sabe de charada es carne pasada"*: "El que juega no sirve para nada como persona". La charada es un juego de azar.

*"El que se pierde en el monte pierde los pantalones"*. El que juega al llamado "juego de monte" se arruina. El cubano hace un juego de palabras entre "jungla", "selva", y "monte", juego de azar.

De igual meta, criticar al juego, es el siguiente que usa una palabras procedentes de la bolita que es un juego de azar: *"El que le apuesta al seis no agarra el presidente"*. El que juega todo lo pierde. El

23

presidente es el numero diez en el juego de la bolita. Es que cada número tiene un nombre: el uno es el caballo, el dos el marinero etc.

Igualmente, contra el juego es éste: *"El que busca veinticinco termina en noventa y siete"*. "El que juega creyendo que va a ganar millones termina en el cementerio. "El veinticinco es piedra fina o riqueza en el juego de azar llamado bolita y el noventa y siete es el cementerio.

No nos olvidemos que cada número tiene un símbolo o un nombre que lo acompaña.

De igual cacumen es el siguiente: *"El de oficio bolitero no pasa de tendero"*. En Cuba se le llamaba "bolitero" o "apuntador" al que "recogía las apuestas" –las llamadas apuntaciones– para el juego de azar. Ganaba una comisión por "recoger las apuntaciones": recoger las apuestas. Nunca pasaba de pobre.

Algunas veces jugaba también. El cubano acuño este refrán, por ello: *"Bolitero y jugador seguro perdedor"*.

Del mismo calibre, del de rechazar el juego de azar, es este refrán: *"El que gusta trenza e china se va abolina"*.

Quiere decir que el que le gusta el juego tanto como a una mujer, el que no tiene control, lo pierde todo. La China es un juego de azar, es también el nombre de una mujer. En este juego de palabras el cubano dice que el que le gusta jugar al juego de azar llamado La china se "va abolina", o sea, se pierde. "Irse abolina" es un cubanismo que quiere decir "perderse". Proviene del campo del "papalote o cometa".

Cuando se está "empinando un papalote", es decir, "volando un papalote" se "echa guerra" con otros que hacen lo mismo. Se le pone cuchilla al papalote para cortar al otro. Esto es "la guerra". Cuando se logra y el papalote se va, perdiéndose en la lejanía, se dice que "se fue abolina".

De esta zona del juego de azar viene este refrán que utiliza el lenguaje de los números del juego: *"Si te tiran con el ocho, te suben a muerto grande*: "el que trata de hacerte daño una vez lo trata de nuevo y para matarte".

En el juego de azar llamado Bolita –nombre génerico para todos los de azar: La China, La Charada...– el número ocho es muerto y el sesenta y cuatro es muerto grande. De aquí, como se ve, ha brotado el refrán.

También, el cubano tenia ojeriza al guaguero o sea al chofer de los autobuses que en Cuba se llaman guaguas, como en Canarias de donde viene el nombre. Los refranes en contra del "guaguero" son variados.

Doy algunos: *Guaguero de terminal dos veces criminal*. El cubano tenía al guaguero en la misma categoría que el chuchero, como tipo de germanía: como marihuanero.

Era un prejuicio, en este caso, injustificado. Pero de el surgió el refrán anterior que quiere decir: el guaguero es un chuchero y un jugador, por lo tanto, no sirve. El refrán dice: "guaguero de terminal" es decir que juega a los terminales.

"Los terminales" es otro juego de azar y es un nombre genérico como dije que se aplica, como el de bolita, a todos los juegos de azar.

Otro refrán es: *"El que anda con guaguero no lleva sombrero"*. Significa que el que tiene un guaguero de amigo no es un caballero. Es igual que el guaguero.

Otro: *La mujer que quiere a guaguero tiene un poste de la muerte en ruta*. Señala que la mujer que anda con un guaguero tendrá una vida muy desdichada; tremendamente desdichada.

La explicación del refrán es ésta: "el poste de la muerte" era un poste del tendido eléctrico que sobresalía hacia la calle. Como de la guagua –autobús– se colgaba mucha gente había personas que daban de cabeza con el poste y morían.

Del campo del juego de canicas es este: *"Para jugar a las bolas –canicas– hay que tener ñate"*: "Para sobresalir en algo hay que tener habilidad".

El "ñate o ñate oriental" es la habilidad para lanzar bien las bolas. Se refiere a la que se pone en el puño, y se impulsa con el dedo gordo.

Del campo de la política tenemos: *"Político que es guabina hace una mina"*: El político inteligente hace fortuna, es decir, gana pesos.

"Ser guabina" es ser astuto, porque la guabina es un pez que no se deja pescar fácilmente.

Y como combinación de la política y el baseball –pelota– tenemos: *"Político que roba segunda te tumba"*, indicando que el político trapasero esquilma al ciudadano.

"Robar segunda" es un término que viene del juego de pelota y que hemos explicado al comienzo de este ensayo. "Tumbar" es engañar; esquilmar.

En Cuba, el elemento maleante o de malas costumbres, le dio un día por usar calobares o sea espejuelos con cristales calobares: de un cristal verdoso.

Si una persona decente los usaba estaba mal visto; no se le consideraba. A tanto llegaba el prejuicio. De aquí surgió este refrán: *"El que usa calobares es vendedor de tamales"* (Los vendedores de tamales eran gente muy humilde).

Por lo tanto, el que usaba "espejuelos calobares" no servía para nada; era un cualquiera.

Sobre la mujer incluimos nuevos refranes populares. *"El que mira para culo de mujer es un chofer de alquiler"*, donde el cubano muestra su respeto por la mujer señalando que el que se fija sólo en el trasero descuida el alma de la mujer.

Que, además, mirarle el trasero a la mujer es una grosería de marca mayor. La mayoría de los choferes de alquiler en Cuba eran gente muy humilde. Sin mucha preparación. No pertenecían a una clase social alta, por eso el cubano dice que el que mira para el trasero de la mujer no tiene altura; no es de clase social educada.

Incidiendo en ese respeto, el cubano muestra en este refrán la transitoriedad del trasero: *"Culo grande a la larga se cae"*. Nos indica que la mujer que de joven tiene un culo grande a la larga engorda enormemente.

Y en este terreno, como una medida higiénica y, posiblemente, por influencia religiosa el cubano dice: *"De trasero de mujer no has de comer"*, poniéndole su objeción al acto "contranatura".

Pasemos a otros refranes. El cubano sabe como indica este refrán que viene que no se puede confiar en nada ni en nadie como ya he señalado. Ni se puede dar una situación como definitiva. Por eso afirma que *"El que está durmiendo siempre despierta"*. Sabe que hay que depender siempre de uno mismo y no de los demás. Por eso grita: *"El que coge transferencia a la larga se revienta"*.

La transferencia era un papelito para poder cambiar de autobús sin pagar, que se daba en Cuba.

El cubano sabe que: *"El que pierde la toronja no hay Dios que se la componga"* (el que empieza a disparatar sigue disparatando. "La toronja es la cabeza".

Sabe igualmente que: *"tamal que pica no lleva a botica"*, que comida que se come con gusto aunque sea picante no lleva a la farmacia –("Botica" es palabra castiza)–. No enferma.

Del campo del chuchero he oido, repetido por las clases populares, sobre todo, por los jóvenes estos refranes: *"Si la lea te aboca si patinas te desboca"*, cuyo significado es: "Si te enamoras te pierdes". (Lea es muchacha joven y "abocar" es gustar. Es palabra castiza que el chuchero –ver en este libro el ensayo sobre el Refranero Chuchero– ha reivindicado para sí). He oido: *"andoba vaciladora es fumeca en la alcoba"* donde se indica que una mujer que se hace que sabe mucho –andoba vaciladora– no sirve en el coito.

Es interesante el uso de la palabra alcoba que en Cuba apenas se oye, porque el cubano dice: "cuarto de dormir".

Su utilización parece haber sido motivada para poder guardar un ritmo musical en el refrán.

Por fin, he oido, entre los cubanos recién llegados de Cuba, este refran de hoy: *"El que no tiene libreta no consigue muleta"*, especificando que el que no tiene una libreta de racionamiento en Cuba no tiene ni para sostenerse en pie.

Y me han repetido uno del ayer: *"Para ser loco de atar, los cojones machacar"*. En una palabras cuando uno dice que "fulano está loco" se le contesta: *"Para ser loco de atar los cojones machacar"*. Si no se machaca los testículos con un martillo no es loco; se hace.

# ALGUNOS CUBANISMOS ANTIGUOS

Estos cubanismos son *Del tiempo de Mama Seré*, o sea, antiquísimos. Muchos están ya desaparecidos o en vías de desaparecer. ¿Quién dice, por ejemplo: *"Pedro es puntual como el cañonazo de las nueve"*?

En Cuba, todas las noches, desde tiempos inmemoriales, a las nueve de la noche se tiraba un cañonazo de pólvora desde la Fortaleza de la Cabaña. Desde los tiempos de la Colonia. Los cubanos, en la era republicana, sincronizaban el reloj por el cañonazo.

¿Quién dice: "Viva Cuba Libre" para significar "tu madre"? ¿Para mentar la madre? Sólo se oye entre gente muy mayor.

Surgió en el juego de pelota –*base ball*–. Un fanático del Club Habana cuando el árbrito ("Empaiair" dice el cubano pronunciando el inglés, "Umpire", el hombre que se pone detras del "catcher", del "recepcionista", o sea de la persona que dice si los lanzamientos son bolas o "strikes") cuando el arbitro Valentín González, más conocido por "Sirique", "cantaba bola o "estraik" (del inglés "strike") y él creía que se equivocaba le gritaba: "Viva Cuba Libre".

Sirique respondía: "La tuya" que es lo que se hace cuando le dicen a uno para ofenderlo: "Tu madre".

También es un cubanismo antiguo, éste de procedencia del campo cubano, que indica que una cosa esta en estado crítico. "La situación está en la punta de un güiro". *En la punta de un güiro* es el cubanismo.

Hoy se oye, casi siempre: *Estar en el pico del aura* (también de origen campesino) o *En el borde de la piragua*, que es de la misma procedencia.

O un *anancamargaristas*, palabra, cubanismo que creó el cronista, famoso en su época, Víctor Muñoz, para referirse a un periodista superdotado, ha desaparecido ya.

Víctor Muñoz, aún recordado en la crónica depórtiva, y por haber sido el introductor del día de las madres en Cuba, creó mucho lenguaje, sobre todo en el campo de la pelota (Base Ball), ya que era un gran cronista deportivo.

A la tercera base le llamó: *La Accesoria de Mamá Chaleco*. Llegar el corredor a Tercera Base era "Llegar a la Accesoria de Mamá Chaleco". Hoy, el cubanismo es un recuerdo. Se dice "la tercera base".

Se trae a colación el cubanismo cuando se habla de Víctor Muñoz y no en otra ocasión.

De los hombres que eran muy viejos se afirmaba que *"Eran más viejos que la farola del Morro"*. El cubanismo se usaba, en general para todo lo que era muy vetusto y en tal sentido yo lo he oido en contadas ocasiones. "Pedro –he aquí un ejemplo– es más viejo que la farola del Morro". "Esa es una novela de Catalina Invernizo. Mas vieja que la farola del Morro".

Sinónimo de este cubanismo es el decir: *"Pedro es tan joven como el Templete"*. El Templete, en la Habana Vieja, en la sección colonial, fue el sitio donde se celebró la primera misa en Cuba. El munumento que allí hay es antiquísimo.

*Virulilla*, se decía a la persona que no valla nada. Frecuentemente se oye: "Elio es un virulilla".

También se oye: *Ser de ampanga*: "Pedrito es de ampanga". Significa que el individuo es capaz de hacer cualquier trastada.

*Apapipio*: chivato; soplón; adulón. "Elio es un apapipio". Este cubanismo se oyó mucho en la decada del treinta, sobre todo, usado contra los partidarios del General Machado, el que había instaurado una dictadura en Cuba. Hoy ya no se oye.

*Estar en la prángana*. Todavía se oye este cubanismo que quiere decir "no tener un centavo". "Desde que perdió el negocio está en la prángana.

*"Estar en un clavo ardiendo"*. Es sinónimo del anterior. Apenas se oye. "Desde que perdio el negocio está en un clavo ardiendo".

"Estar *"guaild"*. No dar pie con bola, es decir esta completamente fuera de balance. "Desde que lo dejó la mujer está "guaild". (Es un cubanismo que viene del juego de pelota: cuando el lanzador no domina los lanzamientos se dice, en inglés, que está: "Wild". El cubano pronuncia la palabra inglesa como he dicho.

*Fuego en Bochiche y la Bomba aquí*. Se decía cuando alguién desacertaba en política. El cubanismo desapareció muy rápido. "Oye lo que dice. Déjame gritarle. Oye: Fuego en Bochiche y la Bomba aquí".

*Si no vas a comprar no manosía*. Las novias, cuando el novio trataba de tocarlas, le decían: "si no vas a comprar no manosía". "Si no te vas a casar no toques". El cubanismo surgió en las tiendas regentiadas por los chinos. Cuando llegaba una marchante y manosiaba la mercancía, la tocaba, y no la compraba, el tendero chino le decía: "si no va a compra no manosía". ("Si no vas a comprar no manosees" El chino no hablaba bien el español y aspiraba todas las letras finales, como se ha visto).

*Se formo el guirigay*. Formarse el lío. "En el solar –casa colonial donde viven vecinos pobres– se formó el guirigay: Este cubanismo aún está muy vigente y se dice cuando hay un lío: una bronca: una situación difícil; una situación de caos. Es un principio se aplicaba sólo a las broncas en los solares habaneros.

*Abre, que voy*. No trates de bloquearme. "Te lo digo, en las elecciones abre que voy" (El cubanismo está vigente. Surgió en el tiempo de principios de la República, que se pusieron de moda las bicicletas en Cuba. Los ciclistas gritaban a los peatones: "abre que voy")

*Furrimiñín*. Algo pequeño o de poco valor. "El regalo que te hicieron es furrimiñín". Se oye algo hoy.

*"Me viene estrecho"*. Se dice cuando alguien no se tolera o algo. No me lo presentes. Ese individuo me viene estrecho". (Ya no se oye)

*Segurola*. Seguro. "De eso, segurola" (Ya desaparecido. "Segurola" era un notable bajo y barítono)

*Estar en la fuácata*. Equivale al castizo "estar en las últimas" en cuanto a dinero. *No tener ni sobre que caerse muerto*, como se dice en castizo. No tener ni un centavo. "Esa familia no se de que presume porque siempre han estado en la fuácata". (Se oye mucho)

Retama. *Ser retama*. Ser de lo peor. "Ese hombre es retama. No te dejo casar con él. ("Es un cubanismo que se oye mucho. Se oye, además, mucho, su aumentativo: *Ser retama de guayacol en pomo chato*. "Esos políticos son retama de guayacol en pomo chato".

*Ser más "fula" que Tamakún*. Ser un supervivo. "Cuídate con él, porque es más "fula" que Tamakún". ("Tamakun, el vengador errante" es el héroe de los episodios radiales, de Armando Couto. Era un hombre que solo luchaba por el bien y la justicia).

*Fiñe*. Niño pequeño. Se oye desde el inicio de la República y forma parte del lenguaje cubano cotidiano. "Le nació un fine"

*Tángana*. Desorden. "Se formo una tángana en la esquina" (Se oye mucho. Es cubanismo que surgió a principios de la República"

Maletero. *"Ser un maletero como el de los "kádila"*. Tener un culo grande. "El maletín de su hermana es como el de los kádila" (Cadillac, automóvil de lujo) (Ya apenas se oye)

*Negra, lo tuyo es una batidora.* Cubanismo en forma de peripo que se dice a una mujer que menea mucho el trasero. "Se puso muy enojada porque le dije: "negra, lo tuyo es una batidora" (Se oye)

Tapa. *Poner la tapa.* Terminar. "Ahora le pongo la tapa a esta carta" Este cubanismo se oye. En el exilio se ha convertido así: Pongo la tapa, ocho onzas y no tiene "preservativos". Sigue el cubanismo lo que se lee en los alimentos en el país. "Juan, no escribo más. Pongo la tapa, ocho onzas y no tiene preservativos".

# MÁS DEL REFRANERO CAMPESINO: REFRANES GUAJIROS

La presente ponencia se contrae a la presentación y explicación de un nutrido corpus de refranes de los campesinos cubanos, de los guajiros. De "refranes guajiros", por lo tanto, que tienen su base casi siempre en la flora del campo cubano, aunque los hay también de otras áreas.

En estos refranes se ve la influencia de los refranes españoles traidos a América por los conquistadores.

Basta, por ejemplo, en este caso, el refrán "guajiro": *"El que anda por el piñon botija se hinca"* que nos recuerda, inmediatamente, el castizo: "El que busca el peligro en el perece".

He aquí una muestra de estos refranes campesinos, del "Refranero Guajiro cubano".

Comienzo con éste. *"Cuando sopla brisa afinca el bejuco"* que equivale, más o menos al castizo: "al mal tiempo buena cara" y que significa, también: si te llegan las tribulaciones ponte más firme que nunca.

Otro, de este terreno es: *"Viento platanero no se lleva bejuco"* es decir, un viento flojo no se lleva a una persona fuerte: de carácter. El "viento platanero" es el viento que mece las hojas de los plátanos pero no las tumba.

Como el bejuco tiene mucho significado para el guajiro cubano y porque es signo de fortaleza ya que el que trepa es muy difícil de arrancar y hasta de cortar, el bejuco ha dado motivo a infinidad de refranes como estos: *"Bejuco que camina trepa alto"*: el que trabaja asiduamente triunfa", *"Cuídate del bejuco; enrosca muro"*: "Cuídate de la gente que actua sigilosamente porque te pueden hacer mucho daño"; *"El que va como el bejuco no queda al aire"*: "el que escala poco a poco, triunfa"; *"Bejuco caminero: hipócrita y trapalero"*: "hombre que cambia continuamente de opinión no es de fiar" (El bejuco caminero camina torcido); *"Hay bejuco que sólo lo corta el hacha"*: "Hay gente que se arrastra como el bejuco y es tan mala que hay que tomar con ella medidas extremas"; *"Para cortar bejuco machete amellado no trabaja"*: "Hay gente mala que hay que darle con un arma completamente eficaz, que los destruya definitivamente"; *"Bejuco y marabú forman yaya"*. (La yaya es una mata cubana y al mismo tiempo una herida. Con este juego de palabras se ha construido el refrán. El bejuco trepa o rapta, se arrastra. En cubano, "ser un arrastrado" es no valer nada. El marabú es una yerba horrible que termina con el terreno en que crece). Este refrán quiere decir que el que además de ser como un bejuco, es como el marabú, o sea, tiene malísimas cualidades, como ambas plantas, es un ser despreciable; *"Si se enredan dos bejucos hacen migas"*: dos de la misma mala condición andan siempre juntos ("Hacer migas" es un castizo que quiere decir: andar juntos, llevarse bien) *"Bejuco trepador aunque lo corten crecer"*: hay que extirpar de raiz al mal. (Hay un bejuco que lo cortan por la mitad y sigue creciendo). Un sinónimo de éste es: "Bejuco pendenciero aunque lo mochen" (El campesino cubano hace un juego de palabras entre el bejuco que crece a través de las otras matas como buscando pendencia entre ellas y el hombre pendenciero que es un buscapleitos. Que siempre esta buscando pendencia. Esto equivale a otros refranes cubanos: *el que nace para tamal del cielo le caen las hojas*; *El que nace para niquel* –(nikel) moneda de cinco centavos. El nombre esta tomado de la moneda norteamericana de cinco centavos– *no llega a real.* (Diez centavos)

Es decir, no se cambia. Se es lo que se es. Aunque lo traten de salvar a uno no hay forma de cambiarle la naturaleza. Es lo que indica el refrán del "bejuco pendenciero". Vuelve a nacer aunque lo mochen.

Otro refrán de esta serie es: *"mientras más flaco el bejuco más duro el agarre"*. Este refrán indica que como se dice en castizo: "no hay enemigo pequeño". (El bejuco delgado se agarra duro: Es difícil contarlo).

En la larga lista de refranes guajiros encontramos, además, éstos: *"Del bagazo duro se hace caña"* (uno nunca se debe dar por derrotado: Por dura que sea una persona siempre es posible endulzarla); Y es que aún en el bagazo hay, a veces, azúcar; *"Pedazo escondido nunca se escapa al trapiche. Siempre lo hacen bagazo"* (No hay forma de escapar de la justicia divina o humana; siempre hay que responder de los propios actos); *Entre las flores puede nacer zarza"*. (Por bueno que parezca una persona o cosa puede tener algo malo escondido. Nunca se debe uno confiar); *"Para comer postre hay que batir huevo"* (Está inspirado en el castizo: "batir el cobre": trabajar duro. Así que para obtener resultados hay que trabajar duro); *Para hacer buena torreja hay*

33

*que poner pan duro*: para triunfar hay que tener cualidades; *Sijú platanero no hace gavilán* (Es como el anterior. Si no se tiene buenas cualidades no se triunfa); *El que croa es porque le gusta el agua*: "El que toma es porque le gusta; es borracho porque le gusta). (La rana, cuando llueve, croa. De aquí este refrán); *"Aunque el dágame no florezca se le pudre el tronco"*: Aunque no se tenga canas en la cabeza no hay forma de evitar la vejez". (El dágame es un arbol que da unas hermosísimas flores blancas. Alguna vez se pasma y no florece. A pesar de ello su tronco se pudre al pasar de los años); *"Hay flores que en vez de endulzar fajina envenenan la vida"*. (Se puede aplicar a muchas cosas pero el campesino, el guajiro cubano, lo hace preferentemente con las mujeres. Quiere decir que porque una mujer sea hermosa no endulza la fajina, es decir, el trajinar de la vida. "Fajina" es castizo).

Similar a éste es el que sigue: *"La flor del pantano aunque blanca es flor de muerte"*: No se debe dejar llevar uno por las apariencias.

En el campo cubano hay muchos fangales, sitios llenos de fango donde crecen hongos blancos y flores blancas. Este es el origen del refrán.

Continúo con esta lista de "refranes guajiros": *"Con el cogollo de palma se hace ron"*: equivale al castizo: "donde menos uno piensa salta la liebre". No es usual hacer ron con el cogollo de palma pero se puede hacer. Por eso el campesino acuño el refrán.

*"Para que halla buen ron se necesita luna"*: "Para hacer las cosas bien se necesita habilidad". "Para hacer aguardiente o ron el campesino entierra los ingredientes en una botija y lo hace cuando la noche es de luna llena): *"Sitiera que manda entrar es para trajinar"*: "La campesina que tú vas a enamorar al bohío y te manda bajar del caballo y entrar en la casa es para fornicar" (Es que, por regla general, el guajiro nunca se baja del caballo. La sitiera, la campesina que vive en el bohío, se pone en la ventana de éste y el guajiro le canta o habla con ella, pero nunca se baja).

Para terminar el ensayo quiero referirme a un refrán que tiene que ver con el bohío –hay muchos de este tema del bohío– y que dice: *"Si el horcón es de majagua no le entra comején"*. Quiere decir que el que tiene carácter no flaquea ante nada.

La majagua es una madera cubana tan dura que no puede con ella el comején. Por último, he aquí algunos refranes sobre el caballo: *"Caballo que corcovea a la batea"*: cuando veas a alguien fallándote, despídelo inmediatamente; no sigas la amistad con él; *"Caballo que va mal al fangal"* (es sinónimo del anterior. Si el caballo no sirve llévalo al fangal para que se hunda en el o no pueda salir del mismo. O sea, deshácete de él); *"Yeguita que se encabrita no hace cita"*: "La mujer que no es dulce no consigue novio"; *"Caballo que no conoces no le pongas la montura"*: se muy cuidadoso en lo que haces para que no sufras decepciones".

Es de todos sabido que el caballo que uno no conoce lo tumba si uno trata de montarlo.

Que bien dice el guajiro: *"Para tomar aguardiente y poner la montura hay que ser de diablura"*. Hay que tener una gran experiencia.

Sabiduría del campesino cubano llena de hondo conocimiento de la vida.

# MUCHO MÁS DEL REFRANERO CUBANO

El refranero popular cubano está por compilar. Como se ha visto por los ensayos constituye un cuerpo volumminoso que no se puede dejar morir.

A la recopilación anterior añado ahora nuevos refranes productos de mis últimos efuerzos en el campo. Comienzo por el refranero de los muelles cubanos.

Los muelles cubanos tienen un extenso vocabulario que todavía no ha sido recogido en su totalidad. Yo he incorporado algo al Diccionario de Cubanismos más usuales que va ya por seis tomos, y hay tres en preparación con la investigación terminada. Pero se necesita aun mas efuerzo para que no quede una palabra del vocabulario de los muelles cubanos sin ser recogida. Lo mismo digo del refranero.

He aquí algunos de los refranes que he oido: *"El que paga para que le carguen el saco ahorra dinero"*: No hagas tú, lo que puede otro hacer por ti, si te arrienda ganancia.

El refrán se refiere a la práctica "del caballo". Se llama la practica del "caballo", en el lenguaje del muelle, la de pagar a una persona para que haga el trabajo de otro. El qué trabaja por otro es "el caballo".

Yo, que gano veinte pesos al día, pago cinco a otra para que trabaje por mí, y de esa manera me embolso quince. Era una práctica admitida y común.

*"Toda azúcar pesa, y da dinero y sudor"*. Este refrán se debe al hecho de que los estibadores cargaban grandes sacos de azúcar, pesadísimos. Ganaban dinero pero sudaban la gota gorda.

De aquí el refrán. Una cosa, por lo tanto, da satisfacción y dinero, pero también puede dar pena, al mismo tiempo. Lo que el vulgo ha acuñado como: "la felicidad completa no existe".

*"Si las piernas te flaquean te mueres comiendo azúcar"*. Si te fallan las piernas, el azúcar, algo muy rico, te mata. El saco te cae encima. O sea, "en la felicidad puede estar tu desgracia".

*"Espalda que se doblega no aguanta fajina"*. El que no es duro se lo come la vida.

Y es que la espalda del cargador del saco tenía que ser muy fuerte y firme para poder soportar la fajina –castizo–; el trabajo.

En el muelle trabajaban mucha gente de color. Eran casi todos ñanigos o sea de la secta africana así llamada. Muchos de ellos, siguiendo la tradición de la secta, se creían guapos y andaban con puñal. Todo esto dio lugar a innumerables refranes, de los que yo he recopilado algunos.

Estos son: *"Chulería y cadena grande recogen puñalada"* (Y es que el ñanigo andaba con una cadena grande, de oro, al cuello, con una enorme virgen de la Caridad del Cobre y se hacía el chulo, afirmando que tenía muchas mujeres); *"El que aguanta ofensa y lleva puñal no mata"* Este equivale a "Perro ladrador poco mordedor", el refrán castizo; *"El que lleva puñal al descubierto no mueve brazo"*, indicando que el que alardea de guapo no es guapo. Sigue en la línea del refrán castizo: "Perro ladrador poco mordedor"; *"Cuando un guapo cae rompe costura"*. Compara a los guapos con los sacos de arroz o de azúcar etc que cuando caen al piso se abren y se desparraman todo. Parecen muy poderosos pero cuando vienen al piso pierden todo el peso. El refrán dice claramente que si uno se le enfrenta al guapo este se desinfla.

He oído esta otra versión de este refrán: *"el guapo que se cae es como el saco: rompe costura"*.

También, del muelle cubano, es este refrán: *"El que carga mucho saco se queda zambo"*. (Se le tuercen las piernas) Es, como dice el castizo: "El que mucho abarca poco aprieta".

La bodega cubana o sea el sitio donde se vendían artículos de primera necesidad tenía siempre una barra donde se reunía la gente del barrio a comentar la vida y mientras se tomaban una cerveza, o un ron, o se comían un saladito o jugaban al cubilete (a los dados).

En ella también se han creado un sin número de refranes. Estos son algunos de ellos: *"Tres líneas de ron no batea jonrón"*. "El que toma mucho ron no hace nada grande, todo lo contrario, se cae.: El cubano combina aquí el lenguaje de la bodega, "tres líneas" de ron es un vaso de ron mediado y el de la pelota: "batear de jonrón" que es poder correr las cuatro bases porque se le dió a la pelota muy duro. Batear jonrón en el lenguaje popular es hacer algo extraordinario; expectacular; *El que toma Peralta se le cae el estómago con Felipe II*: "Nunca trates de ser lo que no eres". El Peralta es un ron de malísima calidad y el Felipe II un coñac de primera; *"Ron y saladito poquito a poquito"*: equivale a ese refrán italiano que reza: *piano piano se va lontano* y que se repite mucho en español. Significa, como sabemos, que el que hace las cosas despacio y bien, llega lejos. Si uno toma el Peralta rápido, como es un ron de bajísima calidad y de una gradación alcoholica alta, se emborracha: *"El que bebe sin comer, al suelo verás caer"*. El refrán se refiere al hecho cierto de que el que toma con el estómago vacío se emborracha enseguida; *"Amor con bebida todo es mentira"*: el que dice palabras de amor, embriagado, no es sincero; *Palabras que son de alcohol son guarandol pasado*: "Todo lo que se dice embriagado, la mayoría de las veces, es falso: por ejemplo: hacer promesas de amor; de pagar una deuda"; (El guarandol es una tela). *"El que hace de guapetón termina siempre en canción*: "El que se hace el guapo muere a la larga".

En la bodega, generalmente existía una victrola automática que funcionaba echándole monedas de cinco centavos –el cubano llama a estas victrolas: "traganikel"–. Los que estaban en el bar ponían las canciones de moda.

Estas canciones, versaban muchas veces, sobre guapos que habían muerto. Como es el caso, hoy en día, de esa famosa: "Pedro navajas". De aquí nació el refrán mentado: *"El que se hace guapetón termina siempre en canción"*.

Y ahora que estamos hablando del guapo en relación con el lenguaje de la bodega he aquí más refranes sobre el mismo nacidos no sólamente de la bodega, sino del muelle, o de la calle donde se veían, como en el barrio de Jesús María, sentados por la noche frente a la Iglesia del mismo.

Helos aquí: *"Cuchilla de guapetón alarde y tal vez un son"*, que es como el anterior en que añade al hecho de que el guapo es sólo alarde; el de que a la larga alguien lo mata. Lo he oído en las bodegas cubanas; *"Un cuchillo en la cintura es señal de desventura"*: "el guapo siempre termina muerto"; *"La camiseta Perro no hace al dueño"*: "Por usar una camiseta Perro no se es guapo".

El refrán equivale al castizo: "El hábito no hace al monje". La Camiseta Perro era un tipo especial de camisa, cerrada en el cuello, con muchos botones y mangas cortas, que usaban los chulos cubanos y los guapos. Muchos la usaban, sin camisa, encima de ella, y con botonadura de oro.

El eterno refranero cubano. El que señala: *"En el amor casabe y mucho jarabe"*: En el reino, explico, del amor, "El amor entra por la cocina", como dice el refrán castizo (hay que "dar casabe", es decir, pan) y "jarabe" ("jarabe de pico", es decir: hablarle bonito a la mujer);

el que señala: *"Quien se enreda en serpentina fastidia el carnaval"*: "El que se deja llevar por la arrogancia, perece".

# SIGO CON EL REFRANERO CUBANO POPULAR

El refranero cubano es enorme. Esta en todos los sectores de la vida cubana. Si uno va al negocio de peletería (en Cuba sitio donde se venden zapatos) (en España: "zapatería") y habla con un dependiente este le dirá: *"Maruga con cara bella no hace mella"*.

"La maruga" es la mujer que se prueba una enorme cantidad de zapatos y no compra. Los dependientes de las peleterías las odiaban. Pero, claro está, si tiene la cara bonita, lejos de dar un mal rato, endulza la vida. De aquí el refrán.

Vuelvo pues a los refranes y comienzo con uno del muelle que no incluí en el ensayo anterior porque me lo dijeron cuando ya estaba terminado. Este es: *"El que levanta sacos tiene cintura"*: "El que hace algo grande es porque tiene cualidades".

Sigo con otro que oi a uno que tocaba en una orquesta en la Habana. Me dijo: *"Para ganar en la vida toca siempre maracas"*: Nunca ofendas a nadie. Se siempre agradable con todo el mundo. Y como era medio filósofo, como tocaba hasta altas horas de la madrugada y veía desfilar la máscara de la vida nocturna enfrente de él, me añadió: *"La vida es un carnaval pero sin serpentina"*.

Una forma agradable de decir que la vida es dura. Pero como hablábamos de serpentina me recordó: *"Para tirar serpentina hay que saber de carnaval"*.

Me quiso decir que no elogiara sin conocer al contrario. El elogio, muchas veces, se vira contra uno.

Era campesino y llevaba poco tiempo en la Habana, por eso, cuando yo le indiqué que la vida nocturna acababa con el que la llevaba me espeto: *"Con candela o sin candela el piñon botija hinca"*.

Ustedes recordarán que yo cité, en los refranes guajiros, el refrán: *"El que camina en piñon botija se hinca"*. En este caso el piñon botija era él, que trabajaba en la orquesta. Y afirmaba que nada le hacía daño. Y lo expresaba con la forma: "sin candela o con candela". No dejaba de ser el luchador aunque lo atacaran mucho: "aunque le dieran candela", como al piñon botija, para eliminarlo.

En eso pasó una mujer. Este filósofo la miró y exclamó: *"Trenza de mujer, horca segura"*, mostrando esa desconfianza hacia la mujer que he señalado en el chuchero, pero que permea otros sectores sociales cubanos.

He dicho que mi informante era campesino, guajiro como se dice en Cuba. Cuando yo le señale que no había nada más rico que enamorarse de una mujer me replicó que por supuesto. Pero los guajiros decían que *"A marabú encajado no basta con candela"*: El que se enamoraba perdidamente de una mujer, señalaba, le era difícil sacarse el sentimiento-pasión del alma.

Como ustedes se acordarán el marabú es una planta, tan dañina, que cuando se le da candela, no basta con ello. Hay que arar sobre el surco donde creció y volverle a dar candela, para acabar con la semilla, porque si la lleva el viento a otro lugar, el marabú se apodera de él y lo hace estéril.

Como era campesino le pregunté si sabía refranes "guajiros" –campesinos–. Me dio dos de ellos que había oído, continuamente, en su casa. Su mama le decía: *Guitarrero de décima no trabaja conuco*, refiriéndose al hecho de que los enamorados y los que siempre estaban de fiesta no trabajaban la heredad (el conuco).

Me dio dos refranes más y me dijo que el del marabú era guajiro. Los dos que me dio, además de los anteriores, son los que siguen: *"Machetero que no afila se corta el dedo"*: Para no fracasar hay que hacer las cosas bien. (El machete que no está afilado puede saltar al dar sobre la caña y herir): y *Un solo corte no tumba caña*: Para triunfar en la vida hay que trabajar duro.

Me repitió uno que ya esta incluído en un ensayo anterior: *"Para comer postre hay que batir huevo"*. Es decir: *"Hay que fajarse por los palos"*, (sinónimo) me dijo o sea trabajar durísimo.

Le pregunté si sabía algún refrán mas. Me contestó que cuando llegó a la Habana había trabajado como "conductor de guagua" –el que cobraba el pasaje– porque lo había hecho en Bayamo, Oriente y que se había aprendido dos: *"Para coger transferencia hay que montar guagua primero"* y *"Para cambiar de ruta hay que coger transferencia"*. (La transferencia sirve para coger otro autobús (guagua) sin pagar.

El primero, me explicó, quería decir que para subir en un trabajo había que emperzar en él, por abajo, y que el segundo se refería al hecho de que: "el que no se decide no cruza la mar", citándome este refrán español castizo y mostrando, una vez más, como el refranero cubano está permeado por el espíritu del castizo.

Entonces me reveló que sabía muchos refranes. "En mi casa, afirmó, hablaban en refranes, por eso los de la Habana, se me pegan tanto". Todos los que van a continuación se los debo a él: *"El salir de dormitorio es cargar oprobio"*: "El que sale con una prostituta para dormir toda la noche con ella se infama; se hace un daño terrible". (En Cuba se le dice, "salir de dormitorio" al llevarse de una casa de prostitución una prostituta para que pase la noche con uno, hasta la mañana siguiente): *El que hacen general lo mandan pal hospital* (Es "para el") (Aquí hay una aspiración linguística a la que es muy dado el cubano) (Se refiere que al que anda con prostitutas le pegan una sífilis. En Cuba se decía: "le condecoraron con cuatro cruces" porque la gravedad de la sífilis se mide en cruces. Los generales llevan medallas algunas veces en forma de cruce. De aquí el refrán): *"Ir al matrimonio virgen no siempre de seguro sirve"* (Se necesita algo más que la virginidad para triunfar en el matrimonio): *"El que sea modosita no elimina la risita"*: (Una mujer puede ser modosita y ser una hipócrita: *"Asociarse con cuatreros se pierde honra y dinero"*: Todo se pierde si se anda con gente mala. (Es refrán del campo cubano): *"Casarse y bostezar, la cosa mal"*: el que empieza a aburrirse del estado matrimonial está indicando que el final del mismo está cerca.

Sobre la mujer me dijo más: *Amar a base de billete aunque se te caiga el fuete*: ("Si la mujer está contigo porque la pagas no hay problema si eres impotente" ("e" es "de". El cubano aspira la "d". "Fuete" es el "pene"; *"Querida con cuarto puesto, además de bobo, muerto"*: ("El que tiene una querida fija, es un tonto, total y absoluto, y terminará mal); *"Bien viejuco y sin moneda tiene tarro en la alacena"*: ("Un viejo que no tiene dinero será engañado, irremisiblemente". "Tener tarros en la alacena" significa que "le pegaran los tarros", un cubanismo que quiere decir: "que lo engañaran": *"La mujer que da cotorra es más viva que Boloña"*: (La mujer que sabe hablarle a un hombre lo engatusa siempre ("Ser mas viva que Boloñá" es ser muy viva. Es un cubanismo).

El mismo interlocutor me dió estos. *"El que juega con bola e hilo se enmaraña"*: ("El que anda en cosas malas, con malas compañías, termina envuelto en un gran lío") (La "e" es "de". El cubano aspira la "d"); *"A un tipo marañero no saludar ni de lejos"*: "nunca saludes a persona, nunca seas amigo de persona que te puede meter en un lío": *"El que anda con bola e humo pierde el bate"*: "El que anda con una persona mala se mete en un lío". (Este refrán está hecho con dos cubanismos: "Bola de humo" que es un lanzamiento rápido, y que ha pasado al lenguaje general, popular cubano, también como "mala persona", y "perder el bate" que es meterse en un lío; fracasar.

Si se examinan bien los cubanismos sentimos el alma de España en ellos. Pertenecen los de allá y los de Cuba, como he dicho siempre, a un tronco común. Y el refranero español permió siempre el habla castiza cubana. Lo mismo ha hecho, en espirítu, con el refranero popular.

# EL REFRANERO CRIOLLO SOBRE LA MUJER

La devoción por la mujer es una característica del alma española y por supuesto del alma cubana. Es mujer es el centro de la vida de la cultura española: como madre, como novia. Como compañera.

No es lugar aquí para explicar el desenvolvimiento histórico que surge en España debido a la función de la mujer en el hogar y como madre para preservar la nobleza de la familia, de las clases dirigentes. Basta decir que los siete siglos de lucha contra los moros, con los hombres alejados por años del hogar, la hizo pilar de la sociedad española.

Por otro lado, corre por la vena del español una atracción sensual y sexual, tremenda, hacia la mujer.

Todo esto fue heredado por Cuba, la más española de las colonias de la Madre Patria.

De aquí que haya tantos refranes que toman a la mujer como pivote de los mismos.

Doy aquí algunos de ellos: *"Mujer que mueve batea es fulastre a lo que sea"*: "La mujer que hace ostentación, moviendo las caderas y el trasero, no sirve para nada" (Se usan en este refrán dos cubanismos: "mover batea": mover la cintura y el trasero y "fulastre": que no sirve; que no es de confiar). Un sinónimo de este es: *Mujer que mueve fambá es tártara de calidad.* (Este refrán se inició con el chuchero y usa su lenguaje, pero lo he oido entre las clases populares cubanas. Inclusive la gente de altura usa la palabra "tártaro" para referirse a alguien que hace cosas malas o que sin ser malas son fuera de lo común. "Famba" es trasero, es voz que el chuchero ha tomado del vocabulario africano vigente en Cuba y llevado por los esclavos). *"Mujer con mucha cintura, de tonina no se cura"*: ("tonina" es un cubanismo que significa "ser gorda".) El refrán significa que una mujer por bella que sea pero que tenga mucha cintura, termina siendo muy gorda); *"Quien de novia te discute, más tarde te tumba al tute"*: "Si la mujer te discute de novia cuando se case te hará la vida imposible" ("Tumbar al tute" es ganar jugando al juego de cartas llamado "tute").

De la misma calidad son estos refranes sobre la mujer: *"Pagada de su belleza; empieza a pagar la alteza"*: Una mujer que esta pagada de su belleza cuesta un mundo. Si te enamoras o te casas con una mujer que vive para su belleza, apréstate a pagarla bien.

Muy similar a éste es el que viene: *"Pobretona y con pretensiones, pues pierdes los pantalones"*: Estas mujeres que no tienen nada y tienen unas pretensiones tremendas, arruinan a cualquiera.

En el mismo camino está éste: *"Si la mujer se cree inteligente te dejara sin dientes"*: Cuando la mujer se cree que todo lo que hace lo hace bien arruina a cualquiera, no importa el área.

Del campo cubano es este refrán relacionado con la mujer que ha sido importado a la ciudad como indica el cubanismo "dar fuera": botar. *"Potrica que es muy cerrera lo mejor es darle fuera"*.: Mujer con la que es muy difícil de llevarse, lo mejor es dejarla.

Otros son de este giro: *"Mujer que se hace la bobita está buscando su aguita"*: Corresponde al refrán castizo, –este cubano–, que dice: "haste el muerto a ver que entierro te hacen". La mujer pone cara de boba para engañar, y conseguir todo lo que ella quiere: *"Novia que escucha callada buena madre de casada"*, (Es un refrán dentro de la mejor tradicion española); *"Mujer que tiene bemoles, súbete los pantalones"*: Mujer que no tiene límites en el pedir ser duro con ella; ponle carácter; *"Si te gusta la mujer que palos has de coger"*: El que está perdidamente enamorado no tiene resistencia a los pedidos de la mujer y va sufrir mucho.

Un refrán sobre la mujer, típicamente campesino –guajiro se dice en Cuba– es éste. Está cargado de filosofía como todos los demás: *"Yeguita de dulce paso en el matrimonio, lazo"*: Mujer coqueta tienes que apretarla muy recio en el matrimonio si no quieres que termine con la mujer dando un mal paso".

También, gracioso y lleno de sapiencia es este: *"Yeguita que se encabrita si es buena hay que darle pita"*: "hay mujeres que tienen mal carácter pero si la mujer es buena hay que pasar por alto su temperamento". ("Dar pita" es un cubanismo que quiere decir: "darle larga".

Del guajiro (campesino cubano) es, así mismo, este refrán: *"Mujer que cuesta un riñon suéltala aunque baile el son"*. "Por buena que sea, la mujer gastadora termina por arruinar el matrimonio". (Por simpática que sea).

Incluyo, ahora tres refranes del chuchero (Ver el ensayo sobre el chuchero y sus refranes incluido en este libro): *"Mujer que no pide yira* (dinero), *jamás se revira"*; *"Mujer que quiere con kile aunque sea floja de atrile"*: Si la mujer te quiere mucho que importa que sea fea, que no tenga fondillo (atrile) (con kile es mucho) *"La que no tiene flotante, cerín de lo interesante"*: "Mujer sin buenos senos no sirve".

Ya terminado este ensayo he recopilado cuatro refranes más sobre la mujer con los que cierro: *"Una mujer pispireta, si te casas, tarro con retreta"*: una mujer coqueta termina por engañar al marido ("pegarle los tarros") en grande" ("tarros con retreta"); *"Mujer que usa colorete te da también mucho fuete"*: la mujer que mucho se pinta no es de fiar y te hace la vida imposible ("te da fuete"; *"Mujer muy almibarada siempre sube la parada"*: la mujer que siempre es muy melosa, siempre está pidiendo algo, y cada día pide más ("sube la parada": Esta es una expresión castiza); *"Hombre que tiene querida comemierda con estampida"*: "El hombre que tiene una querida es un tonto de marca mayor" ("comemierda con estampida": tonto al máximo).

# REFRANES EN EL SEMANARIO «ZIG ZAG»

Tan metido esta el refrán en la vida nacional que forma parte no sólo de la diaria del cubano sino que lo incluyen las publicaciones periódistas como *Zig Zag*, periódico humorístico, semanal que ha sido una institución Nacional.

Voy a hacer un recorrido por varios números publicados en el Exilio Cubano, en Miami, la Florida para que se vea lo que acabo de decir.

Los cubanos repetíamos, y repetimos, continuamente, el refranero español. Como Cuba es la más hispana de las colonias y hasta 1933 la emigración española fue constante, de nuestros padres heredamos el habla cargada de refranes. Esto no sucede en otro país de América.

De aquí que el poeta José Ramón Gantes (Nino), en el *Zig Zag Libre* (La publicación añadió el adjetivo "libre" en el exilio), en el #18, de noviembre 26 de 1981, escribía, en su Seccion titulada: *De nuestra Cuba de aver*, esta décima:

> "Hoy no se pueden oir
> y yo lo traigo al papel
> recordando nuestro ayer
> que recordar es vivir.
> Muy bien no puedo escribir
> porque yo tengo mis fallos
> no por eso yo me callo
> hay que buscar el reclamo
> DICEN QUE EL OJO DEL AMO
> ES EL QUE ENGORDA AL CABALLO".

La actual situación cubana, con la isla dominada por el Comunismo, se reflejó, inmediatamente, en los humoristas cubanos del exilio, quienes en la referida publicación comenzaron a inventar refranes, muchos de los cuales ya, se oyen entre el público.

Y así, en *Zig Zag Libre* (#35 de abril 7 de 1982) aparecieron estos *Refranes Reformados* o sean que reforma y adapta a la situación actual de Cuba el refrán castizo. Helos aquí: *"El que a buen bote se arrima....buena Florida lo cobija"* (Reforma al refrán: "Al que buen arbol se arrima buena sombra le cobija". Lo adapta a la situación actual en que miles de cubanos tratan de precurarse un bote para huir de Cuba y llegar a la Florida); *"El que se acuesta con Rusia...."limpiecito" amanece..."* (El refrán original es: "El que se acuesta con niños amanece cagado". El nuevo indica que donde Unión Soviética pone sus plantas limpia la nación, o sea arrasa con todo y se lo lleva para Rusia); *"El que no oye consejo no llega al exilio"* (Parodia a. "Quien no oye consejos no llega a viejo". Indica el refrán reformado que el que Cuba no se cuida al hacerle oposición al régimen lo asesinan o lo meten en la carcel por largos años); *"Por el hilo....se saca el pariente"*: (Corresponde al "por el hilo se saca el ovillo". Lo que el refrán reformado indica es que por teléfono se le dice al pariente que se le va a sacar de Cuba).

La horrible situación cubana ha llevado a la creación de otros refranes, esta vez relacionados con la falta de alimentos, con el recionamientos de los mismos que sufre Cuba.

En el número 17 de noviembre de 1981, *Zig Zag Libre* habla de *Refranes cubanizados*, muchos de los cuales han ya saltado de las páginas del Semanario y son repetidos por el pueblo en general, en el exilio.

*Zig Zag Libre* afirma que estos refranes han sido creados en Cuba. Y escribe: "Allá en Cuba, a pesar de todos los pesares que se padecen bajo el funesto fidelato, los cubanos no han perdido el buen humor y la ingenuidad que siempre los caracteriza. Prueba de ello es que cuando vienen a cuento repiten algun refrán, modificando su terminación con el sentido de la actualidad".

Muchos cubanos llegados de la Isla coinciden con *Zig Zag Libre* en esto y que es el pueblo cubano allá el que ha creado innumerables refranes como dice el periódico, lo que contrasta con la pobreza de los cubanismos".

Estos son los refranes: *"Cuando las barbas de tu vecino veas pelar es que ha podido conseguir una navajita"* (El castizo reza: "Cuando las barbas de tu vecino veas arder pon las tuyas en remojo".) En Cuba no hay navajitas para afeitarse. De aquí el refrán); *"Más vale boniato en mano que cien en la libreta")* (El castizo dice: "Más vale pájaro en mano que ciento volando". En Cuba, en la llamada Libreta de Racionamiento, se indica la cantidad de alimentos que se pueden conseguir. Pero el cubano nunca recibe esa cantidad sino una mucho menor o ninguna); *"Pan para hoy y hambre para todos los días".* (El castizo es: "Pan para hoy y hambre para mañana". El refrán, cubanizado, indica que aunque se consiga en Cuba, un día, un poco de pan, ello no suprime el hambre generalizada que sufre la población); *"No por mucho madrugar cobras más en el campo de caña"*. (El castizo es: "No por mucho madrugar amanece mas temprano". El refrán deja ver que el trabajo en el campo de caña no lo pagan. Es, como se dice en Cuba, "trabajo voluntario" aunque es forzado); *"Con el tiempo y un ganchito a lo mejor te llega el permiso de salida"*. "Con el tiempo y un ganchito" es una expresión que se usa para denotar que, tal vez, algún día, se consiga algo. Se le ha añadido: "a lo mejor te llega el permiso de salida", es decir, el permiso para emigrar de Cuba); *"Aunque la mona se vista de miliciana se le nota el rabo"* (El castizo es: "Aunque se vista de seda la mona se queda". La miliciana es una integrante de las Milicias, uno de los organismos paramilitares del gobierno castrista. Indica que el ser miliciano no da decencia sino todo lo contrario).

Otros del mismo tenor son los siguientes: *"No por mucho madrugar, sale el bote más temprano"*, tomado del castizo: "No por mucho madrugar amanece mas temprano". (En la versión cubana se hace referencia al bote en que los cubanos escapan de Cuba hacia tierras de libertad); *"Más vale un Raúl en mano, que ciento volando"*, variante del refrán: "Más vale pájaro en mano que siento volando", y en el que se ridiculiza al Jefe del Ejército de Cuba, Raúl Castro, del que se afirma que es homosexual (pájaro); *"Cuando veas las barbas de Fidel arder, ponte a rezar por los piojos"*, siendo el original: "Cuando veas las barbas de tu vecino arder pon las tuyas en remojo" en el que se ridiculiza a Fidel Castro afirmándose que es un "cochino"; que no se baña.

Algunas veces los refranes y son llamados, *"refranes modernizados"* como estos: *"Agua que no has de beber, deja que la beba otro que no tenga sed"*. ("Para los egoistas", explica el autor); *"Dame doláres y llámame tonta"* (Para algunas naciones) (Se refiere a las que le cogen dinero a Estados Unidos); *"Donde las dan no las toman"*. ("Las monedas falsas", explica. El refrán español es: "Donde las dan las toman"; *"Cuando veas las barbas del vecino afeitar, abandona la barbería sin tardar"*. ("Para los hippies", señala. El refrán castizo es: "Cuando veas las barbas de tu vecino arder pon las tuyas en remojo"); *"A Dios rogando y con los comunistas coqueteando"* (Explica que es para ciertos obispos y curas. Como se sabe muchos de ellos han cooperado con el comunismo); El refrán castizo es: "A Dios rogando y con el mazo dando". *"De sabios es no rectificar"*. Nada se consigue rectificando. Se refiere al cohete de Cabo Cañaveral (Cuando ya se ha disparado el cohete, señala. El refrán es: De sabios es rectificar); "En la vejez, pensiones" (El refrán castizo es: "A la vejez, viruelas", que mas que refrán, es una forma de expresión); *"La mona, si se viste de seda, puede estar monísima"* (En honor de las monas. El refrán castizo es: "Aunque se vista de seda la mona, mona se queda); *"El hombre, el oso y quien sea, cuanto más feo más horroroso"* (en honor a la verdad). El refrán es: "El hombre es como el oso, mientras más feo mas hermoso"); *"Quien mucho habla y mucho yerra es el caballuno Fidel Castro"* (Se refiere a los discursos de Castro y a los yerros que ha cometido en Cuba arruinándola en todo sentido). El refrán castizo es: "El que mucho habla mucho yerra"; *"El ojo del amo ruso engorda al Caballo"*. (Es el refrán castizo: "El ojo del amo engorda al Caballo". Como es de todos sabido Castro ha estado por treinta y tres años sosteniendo su dictadura con los subsidios rusos. A Castro le dicen el Caballo, porque todo lo atropella. De aquí este refrán). (Edición de febrero 3 de 1982).

Para que se vea, aún más, lo hondo que el refranero ha penetrado e en el alma del Cubano lean esta sección humorística del mismo semanario, de *Zig Zag Libre*, en su edición de Julio 21 de 1982, léase esta sección: *La novelita refranera*.

Dice su autor, Francisco Marrero: "Lo que me sucedió y voy a contarles lo tengo por bien empleado. Yo estaba muy mal de situación y me dije: NO HAY MAL QUE DURE CIEN AÑOS NI CUERPO QUE LO RESISTA. ¡Yo tengo que resolver mi situación de todas maneras! Decididamente, me repetí, BARCO PARADO NO GANA FLETE y dicho y hecho, me fui a ver a Tico, un buen amigo mío que estaba bien de posición y le pedi tres mil pesos. Me los dió enseguida. ¡Es bobería! AL QUE A BUEN ÁRBOL SE ARRIMA BUENA SOMBRA LE COBIJA". Y por ahí sigue.

Por eso, como he estado enfatizando, en cualquier edición que se abra el semanario hay algo sobre los refranes. Los que doy a continuación tienen la peculiaridad de que son de pura extracción popular como he podido comprobar en las investigaciones sobre los refranes.

Estos no siguen un patrón determinado sino que brotan del hondón del alma cubana. En Zig Zag Libre (Marzo 31 de 1982) los denominan *Refranes nuevos*, aunque tratan de situaciones, algunos, de todos los tiempos. Paso a copiarlos: *"Mujer con minifalda, mucho muslo y poca falda". "Mujer con pantalón puede asomarse al balcón". Para el jugador* –de juegos de azar– *de numeritos, antes del tiro* –antes de que se sepa el ganador– *todos son bonitos*: *"Con los "specials" de los almacenes, gastas el "money" que no tienes* (Los "especials" son las "liquidaciones". *"Si ves mucha televisión acabarás rompiendo el sillón"*; *"Para tener con el "auto-stop" fortuna, has de parar sólo a una"*. –No recojas muchas mujeres en la calle– *"Si tu carro quieres parquear, el primer hueco que veas no dejes pasar"*; *"Auto que duerme al sereno, motor frío y brusco el freno"*; *"A donde fueres busca mujeres"* (El castizo dice: *"A donde fueres has lo que vieres"*; *"Esperando la guagua* –autobús – *de la ruta 3, ves pasar la 2, la 4 y la 23"*; *Si no quieres que alguien de tomarte el pelo trate, usar peluca no es ningún disparate*; *Si de la OEA* –Organización de Estados Americanos– *esperas una buena acción espérala en una silla o en un buen butacón*. (Señala que la O.E.A. es un organismo inoperante que nunca protege a los buenos).

También el *Zig Zag Libre* trae refranes de determinadas áreas, como estos *Rafranes Laborales* (diciembre 3, 1981): *"En ocho horas de jornada unos trabajan mucho y otros nada"*; *"El que cobra paga extraordinaria, mejora su indumentaria"*; *"Anticipo sobre el sueldo lo pide el loco y el cuerdo"*; *"Para mantener el carro* –automóvil– *y pagar el alquiler más de un sueldo has de tener"*; *"Crédito laboral a nadie le sienta mal"*; *"Para pedir aumento, es bueno cualquier momento"*; *"En factoría y en taller no has de pellizcar mujer"*; *"Aumento de cinco noventa no vale tener en cuenta"*; *"Directivos y accionistas viajan como turistas"*; *"Si quieres que te aprecie el boss* –jefe– *hazle un regalito o dos"*; *"En tierra del comunismo, trabajar y no comer todo es lo mismo"*; *"Tanto en Cuba como en Praga mucha pega y poca paga"* ("Pega" es trabajo); *"Cualquiera, a punta de bayoneta, trabaja duro para cumplir su meta"* (Se refiere a la forma de trabajar en los paises comunistas y en Cuba); *"En trabajo en Kuba Roja, Fidel aprieta pero no afloja"*.

Estos refranes laborales han tomado como áreas el exilio y Cuba situaciones en ambas partes. P.E: *"En factoría y en taller no has de pellizcar mujer"* y *"Aumento de cinco noventa no vale tener en cuenta"* se basan en situaciones del exilio. Otros como se ve, en la problemática cubana.

En este ramo relacionado con el gobierno comunista cubano el semanario *Zig Zag Libre* ha creado como se ve una serie de refranes enorme. Muchos de ellos ya se han popularizado y se han convertido en refranes de todo el pueblo cubano.

Otros refranes de ese periódico: **"Refranes de la Habana Vieja"**; *"Sarna con gusto no pica, y si pica, no hay medicinas en la botica"*. El castizo es: "Sarna con gusto no pica y si pica no mortifica"; Como se sabe, en Cuba hay una escasez total de todo incluyendo medicinas en las "boticas" (farmacias); *"Ladrón que roba a otro ladrón, los dos comunistas son"* (El castizo es: "Ladrón que roba a ladrón tiene mil años de perdón". Los comunistas lo confiscan, todo, a sus legítimos propietarios; los despojan; en una palabra. De aquí este refrán); *"A palabras necias, si son de Fidel, el pueblo las desprecia"* (Castizo: "A palabras necias oídos vanos"); *"El que mucho abarca, tiene que ser comunista o de la comarca"* (Castizo: "El que mucho abarca poco aprieta"); *"Ande yo caliente y siga "la tarjeta de pasar hambre" matando gente"* (Del Castizo: "Ande yo caliente y ríase la gente". "La tarjeta de pasar hambre" es la de "racionamiento", que se necesita en Cuba para adquirir los pocos alimentos que hay).

Así mismo incluye está seccion refranes que son parodias, como los anteriores, de los castizo y que no están relacionados con el régimen comunista. Son estos: *"El que da pan a perro ajeno se queda sin comerlo aunque esté bueno"*. (Del castizo: "El que da pan a perro ajeno pierde el pan y pierde el perro"); *"El que a buen árbol se arrima, los cantos de los pájaros le caen encima"* (El castizo es: "El que a buen árbol se arrima buena sombra le cobija"); *"Mal de muchos, no llena de alimentos los cartuchos"* (El castizo es: "Mal de muchos consuelo de tontos"); *"Ojos que no ven, si van por la línea los mata el tren"* (El castizo es: "Ojos que no ven corazón que no siente") (Número 21, Diciembre 21, 1981).

En otra tirada de Zig Zag Libre encontramos "refranes deportivos": *"Quién a buen árbitro se arrima buena decisión le cobija"* ("El que a buen árbol se arrima buena sombra le cobija", es el castizo); *"A base regalada no se le mira el pitcher"* (El castizo es: "A caballo regalado no se le mira el diente"); *"Pelota que no has de coger, déjala correr"* (El castizo es: "Agua que no has de beber déjala correr"); *"En guardia cerrada, no entran puños"*. (Es del boxeo) ("En boca cerrada no entran moscas", es el castizo); *"Hijo de bate, caza pelota"* (El castizo es: "Hijo de gato caza ratón"); *"Cuando veas el bate de tu rival arder pon tu pitcher en remojo"*. (El castizo es: "Cuando veas las barbas de tu vecino arder pon las tuyas en remojo"; *"Más vale pelota en mano que arbitro cantando"* (Del castizo: "Más vale pájaro en mano que ciento volando"; *"Muerto el ampaya –árbitro– se acabó el "strike"* (Del castizo: "Muerto el perro se acabo la rabia"; *"Cuando el mal es de batear, no valen bases por bolas"*. (Este viene no de un refrán castizo sino de un refrán

52

cubano, criollo, de vieja prosapia que afirma: "Cuando el mal es de cagar no valen guayabas verdes". (Las guayabas verdes dan estreñimiento. Es un refrán campesino); *"Dime con quien juegas y te diré si pierdes"* (Del castizo: "Dime con quien andas y te diré quien eres"); *"Boxea bien, y no mires con quien"* (Del castizo: "Haz bien y no mires a quien"); *"Ojo por ojo, y base por bolas"* (Del castizo: "Ojo por ojo y diente por diente"); *"Cuando el bate suena es porque algo lleva"* (Del castizo: "Cuando el río suena es porque algo lleva". De este refrán hay una versión cubana que dice: "Cuando el río suena es porque lleva aguacates". (Estos refranes deportivos son de Membrillo, un humorista del Zig Zag Libre. (Ver Número 38, abril 28 de 1982).

Por último tenemos los Refranes artísticos del mismo semanario anterior. Helos aquí: *"Cuando el mal es de actuación, no valen padrinos buenos* (Parodia de: "Cuando el mal es de cagar no valen guayabas verdes", del que ya se ha hablado líneas arriba); *"A televisor regalado, no se le mira el programa"* (Del castizo: "A caballo regalado no se le mira el diente" *"Ladrón que roba a ladrón, se hace libretista de televisión"* (El castizo es: "Ladrón que roba a ladron tiene mil años de perdón"); *"El que con Olga Breeskin se acuesta, sin violón amanece"* (Del castizo: "El que se acuesta con niños amanece orinado o mojado"; *"No hay telenovela que dure cien años ni televidente que la resista"* (Del castizo: "No hay mal que dure cien años ni cuerpo que lo resista"); *"El ojo de Iris* –Iris Chacón– *engorda a Farías"*; Farías es el esposo ("El ojo del amo engorda al caballo", es el castizo); *"Más vale Raphael* –un cantante– en mano, *que ciento volando".* (Del castizo: "Mas vale pájaro en mano que ciento volando"; *"Dime con quien sales y te diré si actúas"* (Del castizo: "Dime con quien andas y te diré quien eres"); "El que a buen Canal se arrima –canal de televisión señalo yo– buen contrato le cobija" (El Castizo es: "El que a buen árbol se arrima buena sombra le cobija"); *"Más vale Julio conocido* – Julio Iglesias, el cantante– *que Marqués de Griñón* –personaje español– *sin conocer".* (Del castizo: "Mas vale bueno conocido que malo por conocer"); *"De las telenovelas extranjeras líbreme Dios, que de "El Ídolo" y "Cristina Bazán"* –telenovelas cubanas– *me libro yo".* (Del castizo: Del agua mansa líbreme Dios que de las malas me libro yo.

Muchos de estos refranes, creados por Membrillo, y que ya yo he oído entre el público cubano, entre el pueblo cubano, se basan en figuras conocidas del exilio cubano como Olga Breeskin; Iris Chacón, "vedette" puertorriqueña; Raphael, cantante español, Marqués de Griñon, personaje español de fama.

No asociados con Castro sino con la situación del cubano en el exilio se han creado, –además de los dados– igualmente, en el periódico Zig Zag Libre (edición de 30 de julio de 1981) una serie de refranes que ya han permeado todas las esferas sociales, pues los he oído en todas ellas.

Estos refranes son: *"El que siembra su maiz que se coma su Popcorn"* (rositas de maiz) basado en este muy común, "el que siembra su maiz que se coma su pinol" que popularizó el Trío Matamoros; *"Chivo que rompe tambor, con liability paga"* ("El liability" es un seguro. Está basado en otro muy común en Cuba: "Chivo que rompe tambor con su pellejo lo paga"; *"El hombre propone y el income tax dispone"* ("El income tax" son los impuestos y el nombre que dan a la Oficina que cobra los impuestos en los Estados Unidos. Esta basado en el refrán: "El hombre propone y Dios dispone).

Continuando, quiero señalar además, que hasta para dar el horóscopo se usan en Cuba los refranes. El semanario que nos ha servido para los ejemplos anteriores de refranes trae, en su sección "Horoscopología" hecha por Jose Ramón Gantes (noviembre 12, 1981), trae refranes castizos dentro del horóscopo.

Copio:       TAURO (De abril 20 a mayo 20)
Demuéstrale tu talento
a todos tus buenos amigos
pero, no busques testigos
para disparar tus cuentos.
Ponte tu cinto en el centro
apriétate los calzones
y no busques más razones
para aclarar tu maltrato
"QUE LA ALEGRÍA DEL GATO
ES LLANTO DE LOS RATONES".

Cito otros del mismo cariz:

LEO (De julio 23 a agosto 22)
Medita en tu posicion
que tu economía es dura

y no botes la basura
guárdala en algún rincón
Observa bien la inflación
guarda siempre lo que puedas
no te bajes de esa rueda
sigue así que te conviene
QUE AQUEL QUE DA LO QUE TIENE
ES EL QUE A PEDIR SE QUEDA.

VIRGO (Agosto 23 a septiembre 22)
Tú debes portarte bien
y no hacer fulastrerías (canalladas)
puede que tú, algún día
vas a saber quien es quien.
Nunca tendrás un Edén
porque te pasas de rosca
tus palabras son muy toscas
mejor que no hables nada
"DICEN QUE EN BOCA CERRADA
NO PUEDEN ENTRAR LAS MOSCAS.

GEMINIS (De mayo 21 a junio 20)
Hoy tu estrella te acompaña
y por toda esta semana
tendrás alegres campanas
que apocarán tus marañas
Vendrá una persona extraña
que quieres que tú la veas
será para una pelea
Pero no seas ratonero (cobarde)
QUE DETRÁS DEL BURLADERO
ASI TOREA CUALQUIERA.

Eladio Secades, el mejor costumbrista cubano de la Epoca Republicana, en la misma edición en que aparecen los refranes unidos al horóscopo sentenció en una estampa titulada: *Los refranes*, a los que por cierto veía como origen de todas esas frases cortas que se dicen en español; "es un buen hijo"; "su atribulada viuda"; "el sensible falleci-miento", Eladio Secades sentenció: "Lo que hay que reconocerle a los españoles es que en la América perdieron las colonias. Pero dejaron los refranes".

Los ejemplos dados son una buena muestra de como entraron hasta los redaños del alma cubana y son fuente de producción de innumerables, de cientos de refranes criollos como los anteriores. Como ese que reza: "por mucho que vuele el aura siempre la pica el toti" (El toti es un ave cubana que le da contínuamente en la cabeza a un ave de rapiña llamada aura tiñosa).

Como dice Zig Zag[1]:

"En Cuba gustaba el dicho
el choteo y el refrán
y ustedes recordarán
aquello de "soy un bicho".

[1] Zig Zag #6, septiembre 3, 1981.

# LOS CUBANISMOS Y LA MÚSICA CUBANA

Pocos pueblos han vivido al compás de la musica como el pueblo cubano. Es la música, tan importante, que delimita época: "Eso sucedió, –dice el cubano–, cuando La Canción a Rachel"; "Yo me acuerdo viejo muy bien, entonces Mirta Silva, La Gorda de Oro, cantaba aquello de "por aquí ha pasado un tranvía; por aquí ha pasado un camion".

"Por aquí ha pasado un tranvía, por aquí ha pasado un camión" es uno de los tantos cubanismos que proveniente de la música han pasado al habla popular. Significa, en ella, "yo no le tengo miedo a nada": *"No me vengas con esa. No tiemblo. Por aquí ha pasado un tranvía. Por aquí ha pasado un camión"*.

No son pocos los cubanismos que la música ha legado al lenguaje popular cubano. Nos proponemos traer, a esta ponencia, los más comunes. Comenzamos con *"Periquito real, dame la patica, para Portugal /currucú, currucá/ tras la puerta está"*.

Este cubanismo procede de una canción del Trío Matamoros, de lo que se llama la Música Antigua Cubana: las canciones clásicas. Y ha pasado al lenguaje popular con el sentido de "no te enojes"; "no te pongas bravo".

Así que, cuando se le dice algo a una persona y ésta comienza a enfurecerse, en sus varios grados, le decimos el cubanismo. Doy un ejemplo: "Ya me tienes cansado repitiéndome lo mismo todos los días": *"Periquito real, dame la patita, para Portugal"*.

Esta es la forma, más común en que se oye el cubanismo. Algunos añaden el resto de la canción: *"currucú, currucá, tras la puerta está"*.

Del Trío Matamoros viene, igualmente, el cubanismo: "¿De donde son los cantantes?. Es el meollo de una de las canciones cubanas Antiguas más famosas: "Son de la Loma".

La canción comienza así: "Mamá yo quiero saber, de donde son los cantantes...

En la vida cotidiana: se ha convertido en: ¿Qué pasa? o sea: ¿qué hay de nuevo? También en: ¿Quiénes son esa gente?

Como el Trío Matamoros ha sido el más famoso de Cuba y sus canciones eternas ha tenido mucha influencia en el pueblo cubano, por eso han generado muchos cubanismos. Uno es: "Le tocaron el trigémino", cuyo significado es: "le dieron en el punto sensible". Equivale al castizo: "Lo tocaron donde le duele".

Esta cubanismo viene de una canción que este Trío popularizó con motivo de la llegada de un médico español a Cuba. Este decía que curaba las enfermedades tocando el trigémino, un nervio que se encuentra en la nariz. Esto sucedió en los años veinte. Y aún el cubanismo existe hoy. Lo que confirma lo que he escrito sobre la popularidad e influencia en Cuba del Trío Matamoros y sobre todo, de la eterna conexión entre la música y los cubanismo.

Dentro de las canciones antiguas cubanas, la mas famosa es: "Mamá Iné". Sus líneas más cantadas son las del estribillo: "¡Ay! Mamá Iné, ¡Ay! Mama Iné, todos los negros tomamos café".

Esto se ha convertido en un cubanismo que indica que cualquiera persona puede hacer lo que no se espera de ella, sobre todo en el área de lo malo. Así vemos: *"Parecía un santo y lo cogieron robando", "¡Ay! mamá Ine, ¡Ay!, mamá Iné, todos los negros tomamos café".*

Así mismo, dentro de las Canciones Cubanas Antiguas encontramos otros cubanismos como: "Soy un chico delicado que nació para el amor", contestación que da el que es acusado de ser un vago. *"Así que no has movido un ladrillo del grupo que te tocaba". "No, porque yo soy un chico delicado que nació para el amor".*

Otro cubanismo, brotado de una canción popularísima es: "cochero pare, pare cochero", que en lenguaje popular es: "No sigas hablando de eso". Doy un ejemplo. *"Me tienes que pagar lo que me debes". "Pare cochero, cochero, pare".*

Una canción antigua que toca el alma de todo cubano es la titulada: Muñequita de Esquire". Ella dio lugar a un cubanismo: *"Ser una muñequita de Esquire* (El cubano pronuncia "Eskuaiar"). Ser muy bella.

La canción se inspiró en las bellezas que aparecían en la portada de la revista norteamericana: "Esquire".

Una de las Canciones Antiguas de Cuba, de una vigencia extra-ordinaria, pues se oye tocar en el mundo entero, es: *El Manisero*, de Moises Simón.

El estribillo, de una pegajosidad extraordinaria dice así: "Caserita no te acuestes a dormir sin comerte un cucurucho de maní".

El estribillo, en el campo del cubanismo indica que "no se debe dejar de hacer algo para alcanzar una meta, ni un día".

Esta conversación ilustra lo dicho: *"Hoy no tengo ganas de hacer nada". "Así fracasas. Acuérdate de que "Caserita no te acuestes a dormir sin comerte un cucurucho de maní".*

Del Maestro Simons es, igualmente, otro cubanismo, de menos popularidad que el anterior y proveniente de la misma canción que equivale al: "para hablar y comer pescado hay que tener mucho cuidado". Otra equivalencia es: "el que mucho habla mucho yerra". Ambas equivalencias son refranes castizos.

Por eso, es conveniente tener la boca siempre cerrada. El cubanismo procedente de *El Manisero* dice: "si te quieres por el pico divertir, comete un cucurucho de maní". En otras palabras, cuando tengas ganas de hablar, llénate la boca de maní. O sea; no hables para que no te metas en líos.

Entre las canciones mas eternas de Cuba está: *Siboney*, del Maestro Lecuona. Los cubanos han llevado al lenguaje popular esta parte de Siboney que reza: "te espero con ansia en mi batey", con el sentido de: "no dejes de venir a verme que tengo mucho gusto de verte de nuevo". He aquí un ejemplo: *"Ruperto no dejes de venir a verme. Acuérdate que te espero con ansia en mi batey".*

Una canción muy popular, como las anteriores, del repertorio clásico y antiguo ha sido: "La Mora (Allá en la Siria)". El Estribillo es de esta manera: "¿Cuándo volverá... Nochebuena –Pascua y Navidad– y el lechoncito... cuándo volverá?

Pero al ser cantada, buscando más ritmo, las orquestas o el grupo de cantadores o el juglar, cambian el estribillo en esta forma: "¿La Nochebuena cuando volverá? – ¿El lechoncito cuando volverá?"

El cubanismo se oye en esta forma o sólamente en la que sigue: ¿La Nochebuena cuándo volverá?. O en esta: "¿El lechoncito cuándo volverá?

Pero la favorita de ambas, para el pueblo cubano es: "¿El lechoncito cuándo volverá?" Su significado es: ¿cuándo volverán los buenos tiempos?

Ejemplo: *"Pedro, no hay aumento este año. El último fue dos años atrás?" "Felipe viejo, ¿el lechoncito cuando volverá?"*

Del repertorio clásico-antiguo que estamos recorriendo hay otro cubanismo: "Ausencia quiere decir olvido", proveniente de la canción de Jaime Prats titulada: "Ausencia".

La letra es de este tenor: "Ausencia quiere decir olvido, decir tinieblas, decir jamás..."

El cubanismo ha cogido de la canción sólo: "ausencia quiere decir olvido". Se usa en esta forma: *"Siento mucho no haber venido antes a verte"*. *"Te perdono esta vez pero no te olvides que ausencia quiere decir olvido"*.

En otras palabras: el que no visita a uno; no lo llama; no trata de ponerse en comunicación con uno, no tiene excusa: lo ha olvidado.

Eusebio Delfín es uno de los más notables compositores cubanos. El ha legado al lenguaje popular el cubanismo: "Yo no quiero migajas de cariño ni beso sobre el rastro de otros besos". Es de una de sus canciones más sonadas.

Este cubanismo, que repite la letra de la canción se usa en el lenguaje popular en el sentido de: "yo no quiero nada con una mujer que ha estado con otro hombre", como en este caso: *"Olguita está enamorada de ti y tú la desprecias"* . *"Es que yo no quiero migajas de cariño ni beso sobre el rastro de otros besos"*.

Otra de las canciones más sentidas y populares de Eusebio Delfín es: "¿Y tú que has hecho?".

Esta canción se conoce con el título de: "En el tronco de un árbol" porque comienza así: "En el tronco de un árbol una niña / grabó su nombre henchida de placer".

Sin embargo, a pesar de que no hay cubano que no conozca el comienzo, la parte que ha pasado al lenguaje popular es el final: "¿Y tú que has hecho de mi pobre flor?" Significa: ¿porqué me has herido? (en mi amor). ¿Que has hecho de mi cariño?

Un ejemplo servirá para ver como funciona en la vida el cubanismo: – *"Me he pasado la vida queriéndote"*. –*"Lo siento Pedro"*. –*"Solo me queda preguntarte: ¿Y tú que has hecho de mi pobre flor?*

No ha habido época en Cuba en que la canción no haya legado cubanismos al lenguaje del pueblo cubano.

Sobre todo, a partir de la década del cuarenta, en que invadieron el campo de la música nuevos ritmos y una gran cantidad de compositores.

Algunos ritmos están llenos de picardías, impregnados de tintes sexuales, buscando nada mas hacer reir.

De este tenor son estas letras llevadas, como he dicho, al campo del lenguaje popular: "¡Qué manera de gustarme tu cosita, mami!", aludiendo al hecho de que quiere tener relaciones, el que habla, sexuales, con una mujer: *"Te lo digo sinceramente, Caridad: ¡Qué manera de gustarme tu cosita, mami!"*.

Como es natural, para no ofender a la mujer siempre se dice esto mirándole un objeto: unos aretes, un brazalete. Tiene que decirse en tono picardioso y con una persona que por ser muy conocida toma a broma el cubanismo.

Una peculiaridad de este cubanismo es que se dice cantando, la música de la canción de la que procede.

También, en forma de picardía, se usa el cubanismo "si me pides el pescado te lo doy".

Esta es una situación en la vida real en que el cubanismo se usa: *"Juan, ¿me puedes prestar cien pesos? "Si me pides el pescado te lo doy". "Vete para el diablo".*

El cubanismo, se ha usado, con implicaciones sexuales y en tono de broma.

Se puede usar de esta manera ya con una implicación sexual bien directa; sin picardía: *"¿Has visto la sobrina de Antonio. Esta tan bella que yo por casarme con ella le doy lo que me pida". "Pues yo, si me pide el pescado, se lo doy".*

También, lleno de tintes sexuales es esta letra de la canción llevada al lenguaje popular: "Mi reloj Pastora, mi reloj – en la puerta de tu casa se me paró".

Aquí, lo que se indica es que se ha tenido una erección. El cubanismo funciona de la siguiente manera: *"¿Qué te parece, Luisa?" "Para cantarle: mi reloj Pastora mi reloj, en la puerta de tu casa se me paró".* (Luisa es muy bella).

De este tipo de picardía mentado, hay otro cubanismo que viene de una canción muy popular de los años cuarenta. De sus inicios.

Su estribillo dice: "en eso llegó el lechero". Es decir, el lechero interrumpe un encuentro amoroso.

De ahí el cubanismo se extendió por otros campos fuera del amoroso. Como esta situación. *"Estaban haciendo lo que querían en ese trabajo". "Si. Pero tengo entendido que en eso llegó el lechero".*

En el campo del amor, es de este tenor: *"Entré en la casa y cuando la iba a besar, bueno, en eso llegó el lechero".* Algo pasó que interrumpió el coloquio amoroso.

El cubanismo, pues, en líneas generales, se refiere a algo que interrumpe una situación.

Hasta de canciones que no son cubanas pero que se han hecho populares en Cuba, el cubano ha incorporado las letras de las mismas al lenguaje popular.

En este terreno de la picardía sexual se haya este estribillo: *"Yo con mi espada chiquita me defiendo mi vidita"* que indica que un hombre, con un pene pequeño, puede cumplir sin problemas sus urgencias sexuales.

Con la misma picardía sexual lo usa el cubano. Veáse: *"¿ Tú crees que tú puedas con esa mujer tan grande?".* –*"Yo con mi espada chiquita me defiendo mi vidita".*

A continuación doy, para terminar esta ponencia, una serie de cubanismo que no son mas que letras de canciones. Los doy acompañados de su uso en el habla popular. Ellos corresponden a canciones desde el 1940 a 1959 cuando cayó la República Cubana.

*"¡Pero qué bonito y sabroso bailan el mambo las mejicanas!"* Este cubanismo en el lenguaje popular significa: que bien mueve la cintura, con que sabrosura esa mujer. Proviene de la canción de Eduardo Davison titulada: "Bonito y Sabroso".

Un ejemplo del mismo es este: *"Mira, Pedro, para Luisa al caminar. ¡Pero qué bonito y sabroso bailan el mambo las mejicanas!".*

*"Como dice Olga Guillot: la vida es una mentira".* El cubanismo se refiere a la letra de una canción de la cancionera cubana Olga Guillot: *"Mira Antonio, después de treinta años dejó a la mujere ¡Treinta años de casado y cuatro hijos! Como dice Olga Guillot: la vida es una mentira".*

Como se ve el cubanismo tiene el siguiente significado: no se puede creer en nada. Nada es verdad.

*"¡Qué bonito te quedó!".* Se aplica al caso en que le están diciendo a uno una mentira. *"Te oí bien. ¡Qué bonito te quedó!"*

*"Componte canallón".* "No me gusta la forma en que estas bailando. "¡Eres muy vulgar. Componte canallón!". El ejemplo nos indica que quiere decir el cubanismo, en la vida real: pórtate bien. Cumple la ley.

*"Me dió con el guapacha".* Este cubanismo proviene de una canción que canta Rolando Laserie, el famosísimo cantante cubano. El guapachá es el trasero de la mujer. El cubanismo, en el lenguaje popular cubano, en la vida real significa entre otras cosas: le vi el trasero a la mujer y me enamoré de ella.

Un ejemplo de este es: *"Juan se casa con Lola porque ella le dio con el guapachá".*

*Nada quedó de nuestro amor.* Este cubanismo significa en la vida real: no he visto más a él o a ella, después que rompimos nuestras relaciones amorosas: *"¿Qué habrá sido de Lola? Como tú sabes nada quedó de nuestro amor?"* Es la letra, como los anteriores, exacta, de la canción.

*Pasaran más de mil años, pasarán.* La letra de esta canción se convirtió en "más nunca". *"Me dijo que me iba a conseguir un trabajo". "Pasarán más de mil años, pasarán".*

*Échale salsita.* Alégrate. El estribillo: "échale salsita", funciona, así en la vida real. *"Juan estás triste. Échale salsita".* (Alégrate un poco) También, dale vida. *"¿Qué te pareció mi novela? "Para decirte la verdad: échale salsita"* (la novela no tiene vida. Es muy desabrida).

*El son se fue de Cuba.* Esta es una canción que nació en el exilio cubano por los sesenta. Este cubanismo es por lo tanto del exilio, es decir, originado dentro del pueblo cubano que emigró de Cuba a la llegada del Comunismo a la isla. La cancion, del mismo título, es de Billo Frometa un venezolano. Ella reza: "El son se fue de Cuba– llorando su tristeza– se ha ido el Manisero– y también la Bayamesa". Significa, el cubanismo: estar triste: *"¿Qué pasa aquí que nadie habla?" "Que dejaron a Juanito sin trabajo. El son se fue de Cuba".*

*Tener alma, corazón y vida.* La letra de esta canción significa, en el lenguaje popular: ser, algo, muy bueno. *"Acabo de leer la novela y tiene alma, corazón y vida".*

*En Manzanillo se baila el son, en calzoncillo y en camisón.* Procede de un clásico de la música cubana. En el lenguaje popular significa: no hay que preocuparse. *"Me despidieron del trabajo pero en Manzanillo se baila el son en calzoncillo y en camisón".* Así mismo, no aceptar la ley, los convencionalismos. *"Lo hicimos de todas maneras a pesar de las objecciones del alcalde, porque en Manzanillo se baila el son en calzoncillo y en camisón".*

*Conmigo no hay turulete.* Esta letra de la canción se ha convertido en uno de los cubanismos más usuales del exilio. Se usa para expresar que no hay problemas. *"Yo te voy a recoger al aeropuerto Pedro. Conmigo no hay turulete".*

*Mi cerebro es lo último.* A mi me gusta cualquier mujer. El estribillo de la canción ha devenido lo que se ha dicho en el lenguaje popular. *"Esa mujer está delgadísima y feísima pero mi cerebro es lo último".*

Este cubanismo, por otro lado, pertenece a la línea de "hacer cerebro" o sea, "desear sexualmente a una mujer": *"Estoy haciendo cerebro con Juana".* O "tener un cerebro con una mujer", que es gustarle a uno, mucho, sexualmente una mujer. Ejemplo: *"Tengo un cerebro tremendo con Laurita"*.

*Estoy tan enamorado de la negra Tomasa*. La letra de la canción se ha convertido en: *¡Cómo me gusta esa mujer! "Yo sé que Laurita no te es grata pero yo estoy tan enamorado de la negra Tomasa que me caso con ella"*.

*¿Mamoncillo dónde están los camarones, camarones dónde están los mamoncillos?* ¿Qué se ha hecho de los buenos tiempos?, es lo que significa la letra de la canción en el lenguaje popular. *"Ayer mataron a dos, la policía, y yo me pregunto: ¿mamoncillo dónde están los camarones; camarones dónde están los mamoncillos?* Así mismo: ¿dónde está alguien o algo?: *"Aquella gente de principios de la República si eran buenos. ¿Mamoncillo dónde están los camarones; camarones dónde están los mamoncillos? (alguien)"*. *"Se volvió a romper el automóvil. Cada vez que me recuerdo lo bueno que estaban fabricados los de ayer. Si tuviera uno. ¿Mamoncillo dónde están los camarones; camarones dónde están los mamoncillos?"*

*Ya los masajes no tienen cueva, Felipe blanco se las tapó. (cerró)*. Como "tapó" y "cerró" he oído la letra de esta cancion muy popular en la etapa de los cincuenta. En el lenguaje popular se oye o bien en forma corta la letra de la canción: "ya los majases no tienen cueva" o toda la letra, añadiendo a lo anterior: Felipe Blanco se la tapó (cerró).

En el lenguaje popular significa: ya eso lo prohibió la autoridad, ya se acabo la cosa. *"Tenían la casa de juego ahí, pero ya los majases no tienen cueva, Felipe Blanco se las tapó (cerró)"*.

*El bobo de la yuca se quiere casar–invita a todo el mundo a la catedral*. La letra de esta canción: *El bobo de la yuca*, de Marcos Perdomo, ha pasado al lenguaje popular como: "eso es una ilusión; un sueño".

Oígase pues, esta conversación: –*"Miguel le compró el negocio de ropa. Piensa hacerse millonario. El bobo, de la yuca se piensa casar"*. Se usa esta forma o toda la letra añadiendo: "con una viudita en la catedral".

*Uno, dos y tres–que paso mas cheveré–que paso más chévere–el de mi conga es*. Que bien estoy; que bien me va.

Este cubanismo ha sido tomado de la letra de una canción popularísima de Rafael Ortiz, titulada: *Uno, dos y tres*. Se usa en el lenguaje popular cuando se esta contentísimo por algo: *"Me saqué la lotería. Una dos y tres que paso más chévere, que paso más chévere el de mi conga es".* Por lo largo que es el cubanismo, lo he oido mayormente de esta manera: "Una dos y tres, que paso más chévere el de mi conga es". *Me saqué la lotería: una, dos y tres, que paso más chévere, el de mi conga es".*

*Que me importa –que la lluvia caiga desesperadamente.* No me importa nada. Es la letra de una canción de Mario Fernandez Porta, el pianista compositor. *–"Perdiste el trabajo" –"Que me importa que la lluvia caiga desesperadamente".*

*Vacilón, que rico vacilón, cha cha cha, que rico cha cha cha.* "¡Qué bueno!", en el lenguaje popular. *"Me aumentaron el sueldo. Vacilón, que rico vacilón"* (La letra de esta canción se ha tornado, en el lenguaje popular, en dos cubanismos: "vacilón, que rico vacilón" y "cha cha cha, que rico cha cha, cha", ambos significando lo mismo: "que bueno".

Otra letra de una canción: *Que rico mambo* es sinónimo de los dos cubanismos anteriores. *"Vamos para la playa. ¡Qué rico mambo!".*

*Cuidadito compay, gallo cuidadito.* Viene de una canción del trío Matamoros titulada: "Compay gallo". Significa cuidado. *"Esa mujer es bella pero mala. Cuidadito compay gallo".* (o cuidadito compay gallo, cuidadito).

Esta es sólo una muestra de la influencia de la música cubana de todos los tiempos en el lenguaje popular cubano.

No se encuentra en el lenguaje de otra nación. Es, repito, un producto exclusivo de Cuba.

La influencia de la música popular cubana en el lenguaje cubano se paró a partir de la toma del poder por el comunismo en Cuba en 1959. Aunque muchas de estas canciones las he oido, yo, en un programa sabatino, en la radio cubana, la aridez de la vida bajo el marxismo; la falta de sitios de distracción para los jóvenes; la moda de las discotecas; y el general el cambio de sensibilidad que el marxismo impusó en Cuba, ha cortado, de raiz, la influencia de las letras de las canciones en el lenguaje popular de la patria cubana.

# UN REFRANERO POPULAR CUBANO

El objeto de este artículo es mostrar la existencia de un refranero popular en Cuba.

Este refranero popular lo encontramos en todas las actividades de la vida cubana. Y en boca de la gente más modesta de pueblo.

El refranero que sigue, ha sido recopilado por mí en Cuba y en el exilio, durante toda una vida.

El refranero lo hemos dividido en dos secciones: una "sección culta, en la que no entran los cubanismos o sea las expresiones que reciben el nombre de coloquialismos: formas propias de hablar del cubano, y una "sección popular" compuesta íntegramente, por refranes pertenecientes al Coloquialismo. A la Lengua Popular.

Vamos a presentar sólo los refranes compuestos por cubanismos. Los refranes que pertenecen a la lengua popular.

Por lo tanto, un refrán como: "Entre la yerba sí crece zarza" que usa mucho el guajiro; el campesino cubano, no tiene cabida en este trabajo.

Es un refrán culto. Donde quiera que se hable español y lo utilizemos, es entendido. No sucede los mismo con los refranes populares, provenientes de los distintos campos de la vida diaria cubana.

Comenzamos con algunos que se originan con base en el juego de pelota. En el "Base Ball", que es el pasatiempo típico cubano. El Deporte Típico Cubano.

Doy el refrán y al mismo tiempo lo que quiere decir, lo que significa.

Empecemos con los siguientes: *Cuando el "picher" se vira en ves de correr es mejor volver a la base*: No se deben correr riesgos innezesarios. *El que está en tres y dos puede tocar planchita*: No hay enemigo pequeño. Siempre puede haber una sorpresa por dominada que parezca una situación.

Continuemos con otros como: *El que va al bate con tres en base puede tocar planchita aunque sea "esloger"*. El "esloger", es el bateador fuerte. Es palabra derivada de inglés: "slugger". Este refrán es sinónimo del anterior. Otra: *El elefante es sólo masa con colmillo*. Con este refrán, se indica de que una persona puede parecer que tiene mucho poder y, sin embargo, carecer de agallas para ejercitarlo. Se basa en el lema del Cienfuegos: –un club de pelota: baseball–: "El paso de Elefante es lento per aplastante. El lema del equipo de pelota: "El Cienfuegos" era un "elefante".

Del mismo campo proceden estos: *"El libro es bueno pero aprende a darle a la "nokel bol"*. Hay que estudiar pero también saber trabajar duro. La "nokel bol" –del inglés: "knuckle ball"– es un lanzamiento muy lento que flota en el aire, pero que cuando llega a donde está el bateador desciende, súbitamente.

La lentitud de la bola combinada con la rápidez ha dado otra interpretación a este refrán popular: de que hay que ser "leido y escribido", pero tener, al mismo tiempo, astucia para poder triunfar en la vida. Otro: *La primera que no se estira no coge bola.* Está, como los otros cargado de sabiduría: "El que siembra vientos recoge tempestades". El que no sabe ser agradable no triunfa; el que es muy duro tiene muchos enemigos.

*Guante que no se engrasa no coge bola.* Como todos los anteriores, brota de la más honda sabiduría popular. Fijémonos: el jugador de pelota engrasa, con aceite de ricino, al guante para que el cuero de que está hecho se ponga suave y la bola no caiga a tierra; para que recoja mejor la bola.

Del mismo tenor es: *El que da mucho "fao" batea "jonrón".* "Jonrón" es un cubanismo por derivación. Viene del inglés: "home run" os sea, cuando el bateador saca la bola del terreno. O aunque cuando quede en el mismo, y pueda correr las cuatro bases.

"Fao" viene igualmente de inglés. De "foul", recibe este nombre en pelota, entre otras las situaciones en que el bateador le da a la pelota pero cae ésta dentro al perímetro legal, el cuadro, que se llama, del juego de pelota.

Algunas veces el "fao" –"foul"– es un batazo extraordinario, y cae fuera de ese cuadro que indicamos líneas arriba.

El refrán, por lo tanto, apunta muy bien al hecho de que el que le da a la pelota tiene mucha vista, y que la puede impulsar en forma fuerte y hacerla caer en el cuadro, produciendo una gran batazo.

Así que, cuando vemos a alguien, en la vida, que casi llega a hacer algo, y ese "casi" se repite, estamos en presencia de alguien peligroso. Yo he oído el refrán cubano como contrapartida del refrán español: *No hay enemigo pequeño.*

Sinónimos de este refrán son los siguientes: *El que se tira siempre en jon* –"home" en inglés. Donde se pone el bateador– *a la larga se cuela; Cuidado con el que se poncha* –no le da a la pelota por tres veces en una sola vez al bate– *pero le tira duro a la bola; Cuídate del que no tiene brazos que a lo mejor batea.* Este último se refiere al hecho de que hay gente que no tira muy fuerte pero le da muy duro a la bola; a la "pelota".

De esta categoría es otro muy popular: *A veces hay que pasar a alguien con tres en base antes de que te batee un "jonrón".* Hay que pasar en la vida por situaciones muy dolorosas para evitar otras peores.

El área de la "guagua", nombre que recibe el "autobús" en Cuba ha sido, de la misma manera, un semillero de refranes populares. Uno del ellos es: *El guaguero y el chulo dan tremendos cortes.*

Lo explico. Siguiendo la tradición española, el chulo, en Cuba, usaba navaja y cuando se enojaba con la mujer le hacía una herida –corte– con la navaja.

El refrán, compara el "corte" con la navaja, con "el corte" que daba el guaguero –el que conducía el vehículo "guagua": autobús (cubanismo)– para no tropezar con algo; para no atropellar a alguien.

El refrán nos hace saber que, el que anda con gente de baja estofa, siempre recibe daño de algun tipo.

En esta zona tenemos otro refrán popular: *La mujer que ama guaguero tiene un poste de la muerte en ruta.*

Esto de "poste de la muerte" es un cubanismo. Muchas veces los postes del tendido eléctrico daban directamente a la calle por donde transitaba la "guagua". En otras palabras no había distancia entre la calle y el poste. La "guagua" lo pasaba rozando.

Como la "guagua" iba completamente llena, había gente que colgaba de la misma. Y tropezaba con el "poste de la muerte". Hubo muchos heridos y también muertes.

Así que la mujer que se enamora de un guaguero –conductor de una guagua– tiene un porvenir muy triste.

Y es que en Cuba el guaguero era considerado una persona de muy baja escala social.

Es útil, recordar aquí, que en la sociedad española existen estos tipos de prejuicios. Lo mismo sucede con las personas del teatro. De ahí que la copla popular española, y muy castiza, diga:

El hombre que se enamora
de una mujer de teatro,
es como el que tiene tos
y toma bicarbonato.

De aquí otro refrán que reza así: *Guaguero y primer actor son un mismo cantador.*

Otro refrán sobre el guaguero tiene el mismo significado negativo: *El que anda con guaguero al bate es cero.*

Se combinan aquí, las áreas de la pelota y del la guagua (autobús). El que no batea, es el que no le da a la bola.

Algunas veces se combina el área de la "guagua" con la sabiduría del campo cubano y surgen refranes de este tipo: *Guaguero y chuchero, bejuco pendenciero. Guaguero y ajiguaguao, misma candela en un palo.*

El "chuchero", mutatis mutandis, equivale al "pachuco", mejicano. Era un tipo de germanía que floreció en Cuba en la década del cuarenta, y cuyo vocabulario aún subsiste, en la corriente popular, con muchas voces.

Muchos guagueros usaban el mismo peinado que el chuchero: el llamado "arte y renovación", con pelo en grandes cantidades en los lados y rebajado, con la tijera, de arriba a abajo, en el cogote. Terminaba en una línea recta y bien mercada en la base del mismo.

A esto se debe, a su germanía, que la sabiduría popular los haya unido a una planta mortífera. Los compara pues con un bejuco duro, que mata a las demás plantas: "el bejuco pendenciero". "Pendenciero viene de "pendencia", es decir, pelea. Esto muestra las malas cualidades, como planta trepadora, de este bejuco.

Por otro lado, el "ají guaguao" es una variedad pequeña, del mismo, que es altamente picante. Cuando se lleva a la boca parece fuego. Con él se caracteriza tanto al "guaguero" como a un "primer actor" del teatro. Por ese perjuicio ya indicado contra el hombre o la mujer del teatro o de la farándula.

En el área del juego, de la misma manera, la sabiduría popular cubana ha creado un sin número de refranes, caracterizados por la agudeza de ingenio.

Son refranes pertenecientes al género de los cubanismos. Y es que utilizan el sentido metafórico del los mismos.

Un antecedente sobre el juego en Cuba, se impone. En la patria de Martí los juegos de azar eran muy populares. Existían muchos juegos de azar. El principal de todo era llamado "La Charada China". Competía con él: "La Bolita".

En estos juegos, cada número estaba representado por un simbolismo: el "uno" era el "caballo"; el "dos", la "mariposa"; el "tres", el "marinero"; el "cuatro", el "gato boca"; el "cinco", la "monja"; el "seis", la "jicotea"; el "sesenta y siete", la "puñalada"; el "noventa y siete", el "cementerio"...

Muchos refranes hacen mención de los números o del los símbolos que los acompañaban. Otros no.

He aquí algunos: *El que juega a la luna muere en el noventa y siete.* Equivale al castizo: *El que vive de ilusiones muere de desengaño.*

La luna es un número de la charada. El noventa y siete, como hemos dicho, el cementerio.

El refrán por otro lado, indica que el jugador termina mal o que sucede como señala el castizo: *De enero a enero, el dinero es del banquero.*

Muy oido era éste: *Para jugar con la China hay que saber cortan trenza.*

"La China" es la charada clásica. Se dice que es un juego de azar de procedencia china. Es más, a los números se le representan puestos en el cuerpo de un chino, vestido a la usanza tradicional de la monarquía.

"Cortar trenza" es un cubanismo que quiere decir que hay que saber, en amores, como tener relaciones, con las mujeres.

Con arte de ingenio, el cubano combina la "China", "el juego" con las trenzas, ya que en Cuba las mujeres chinas usaban trenzas, y los chinos llegaron con ellas a Cuba en el siglo pasado. Todavía las conservaban a principios del siglo.

En esta área hay uno que hace referencia a un tipo de Charada: la que regenteaba un sujeto llamado "Castillo".

Este se hizo muy popular. Su charada era de las que más jugadas tenía. Era de las mas conocidas, muy popular, repito, por el hecho de que allá por la década del cuarenta se postuló en unas elecciones de representante. En el pasquín electoral, se veía a Castillo vestido de campesino –siempre se jactaba de serlo– con un sombrero de jipijapa, –el llamado jipi–, y sobre un caballo blanco.

El refrán a que me refiero es el siguiente: *China con Castillo dan cementerio.*

La China, como se ha dicho es la Charada original, Castillo es otra. El refrán nos indica que si se juega mucho uno se arruina. Un sinónimo de este refrán es: *Raúl con Castillo dan Cementerio*. Raúl era otro de los magnates de negocio del juego en Cuba.

De esta camada son los que siguen: *El que piensa en el versito se queda sin su kilito*.

"Kilito" es el diminutivo de kilo: centavo. Como los primeros centavos americanos llegaron a Cuba en cajas cuyo peso era un kilo, y éstas decían así por fuera: *Kilo*, el nombre quedó para el centavo.

El versito es lo siguiente: *animalito que camina por los tejados* (había juegos de azar que se caracterizaban por tener un versito que equivalía a un numero).

Ya hemos dicho que cada número lleva un símbolo. El número "cuatro" es "gato boca". Pues el pueblo jugaba a éste numero pero el banquero "tiraba" –daba como número ganador– la luna, el número catorce, aduciendo que la luna con sus sombras, proyectaba muchos tipos de animalitos sobre los tejados.

Así que como dice el refrán: el que jugaba siempre perdía. *De enero a enero, repito, el dinero el del banquero*.

Doy otro: *El que versito adivina el sesenta y siete empina*. Indicando que el que se dedica al juego se esta dando una puñalada porque como se ha indicado, en la charada, el sesenta y siete es "puñalada".

Tampoco escapó el campo del automóvil a la sabiduría popular.

Algunos, en este perímetro, se relacionan directamente con el automóvil como tal. Así encontramos: *El que le da candela al cloche no llega lejos*. Ya sabemos que si el embrague (cloche) se quema el carro se para. *Motor que maltratas suelta viela*. Lo que no se trata bien se rompe. *Para partir el cigueñal hay que trabajar*. El cigueñal es una pieza del automóvil muy difícil de romper. Hay que maltratar mucho, la misma para lograrlo. El refrán indica que para conquistar algo hay que trabajar muy duro.

Pasados por el mismo tamiz son estos: *Si falla el carburador no hay limpieza de motor*, referido al que tienen un mal incurable en la cabeza relacionado con las facultades mentales. *El que se deja cranquear no es amigo de fiar*.

Explico este. "dar cranque" es un cubanismo muy común que quiere decir: "estimular a alguien para hacer algo". Por ejemplo: "El pobre, hombre falló con esa mujer porque le dieron cranque para que la escogiera, a sabiendas de que no valía".

Se originó el cubanismo con los automóviles de principios del siglo. Se arrancaban por delante. Esto se dice en inglés: "to crank". De aquí surgió "cranquear".

Así que el que deja que lo induzcan a algo, según este refrán, que no pone resistencia porque no tiene carácter, no es persona de fiar. Menos amigo.

Otro: *El jabon, con banda blanca, cansa*, es refrán donde se indica que tener riqueza es algo muy trabajoso.

En Cuba, gustaban mucho las gomas con una banda blanca. Y es que hacen el automóvil más vistoso. Las gomas con bandas blancas son más caras que las de color todo negro.

Pero para mantenerlas bien blancas hay que lavarlas, continuamente, con jabón duro. El de Cuba era de nombre Sapolio por lo que hemos oido un sinónimo de este refrán de esta manera: *Sapolio con banda blanca, cansa*.

Y pasemos ahora al campo de la política. La política y el político, para el cubano, han sido siempre, por razones históricas que no vienen al caso tratar ahora, han sido malas palabras.

No es, pues, de estrañar, que los refranes critiquen al político. De aquí que tengamos éstos, entre el numeroso grupo de los dedicados al político.

Estos: *Político de jipijapa no da ni tapa*. La "tapa" es una moneda de viente centavo, así llamada porque semaja las tapas que se ponían, en Cuba, en las botellas de leche. Es cubanismo comenzado por el "Chuchero", el personaje a que me referí arriba. Hoy forma parte del lenguaje popular no de una germanía.

*El que no vende célula no abraza político*, donde el cubano muestra su mayor desprecio por el político al que ve como un simple comprador de células electorales.

Del mismo cariz son: *Político y voladora dan la hora*. ("La voladora" es una célula electoral que sirve para botar por el mismo candidato varias veces y que es rellenada por la gente de éste). *Político con "dril cien" mercancía de "ten cen"*. (El "Woolworth" norteamericano se llama en Cuba, *"ten cen"* (de "ten cent"). Vendían mercancía barata. El "dril cien" es un tipo de tela típica en Cuba que el político usaba siempre). *Político y ganzúa no los separa ni la grúa*. (La ganzúa es un instrumento que usan los ladrones para violentar las cerraduras de las casas y robar. Segun el refrán son una segunda naturaleza en el político. El político es, señala el refrán, un ladrón deshorejado). *Si el político te abraza da candela* (O sea te hace un daño total, pues te "abraza". El refrán es un juego de palabras entre "abrazar" y "abrasar"). *No hay político sincero ni flamboyán en enero.* ("El flamboyán", en enero, no tiene hojas). *Político y sortijón son marañon.* ("Los políticos", en Cuba usaban un sortijón muy grande y eso se tenía como signo de baja estofa. El marañon, se dice en Cuba, aprieta la boca. Cuando se come, la baba que suelta "aprieta la boca". El anillón, signo de baja estofa, está unido, pues, al político. (También los chulos, en Cuba usaban anillones. Esto hace comprender mejor el refrán). *Político y sinsonte son un son.* (Quiere decir, este refrán, que el político, para engañar, habla bonito, como canta el sinsonte: bonito.

Y con esto terminamos. El refranero popular, como se ve, está en todas las áreas de la vida cubana. Cito algunos más para que se vea ello: *Bodeguero de la esquina, es tu mejor medicina.* ("El bodeguero" es el detallista que tiene un pequeño mercadito en los barrios cubanos y que fiaba hasta que cobrara el vecino del barrio. Por eso es la mejor medicina. Otros: *mujer que deja a un marido te "da tarro fijo y corrido",* (Indica que la mujer que deja al marido y se va con otro no vale nada. Dar tarro –engañar– fijo y corrido (En el juego de la charada los números se apostaban directamente –fijo– o dos al mismo tiempo: corrido. "Corrido" es "mucho".

*Mulata que no es culona tiene de Pamplona.* (Se refiere a que la mulata que no tiene mucha estatopigia, es decir, grasa en las nalgas, es una combinación del "negro" con el "español").

*Mulata y chino enseguida se hacen amigos.* (Había en Cuba, muchos chinos viviendo con mulatas.)

Un sinónimo de este refrán es: *Mulata y capitán, "ban gan".* O sea, en cuanto se encuentran, el chino y la mulata se ponen a vivir juntos.

Popular como estos es el que sigue: *"a nadie le apestan sus propias peos ni las hijas son feas".*

Y por último óiganse otro refrán del refranero popular cubano: *El que no oye refrán, chirrín chirrán.* Para decirlo en castizo: *El que no oye consejo no llega a viejo.*

# ESTAMPA CUBANA:

# LA GRAN SABIDURÍA POPULAR

Estamos en tiempo de las citas. Los hay que, para hacerse los intelectuales, no cesan de citarnos a García Márquez.

Y yo el otro día, oyendo hablar de esto, de los "citones", a Carlitos Bautista, en el PUB, le pregunte: chico, ¿cómo se llamaba aquel guaguero de la ruta catorce que decía que "el no había leído un libro pero que tenía la sabiduría popular en el margín?".

El hombre, como ve, era culto de verdad. No decía ni "güiro", ni "pen jaus", ni "guirito". No señor. Decía "magín". El se lo había oído al gallego Gumersindo que tenía un café en la calle Lagunas, y que era, según la gente, "leído y escribido".

"¿Quién va a ser, Pepito? Ese era Tata Cuñanga, el conductor de la catorce que iba por Libertad".

Sí, porque había otra que iba por San Mariano. Paraba frente a los Maristas, en la esquina de San Mariano y Vista Alegre. Si lo sabré yo, que la abordaba con los compañeros y formaba tremendo alboroto para no pagarle al guaguero.

Por cierto, que si iba en ella Ledón, con su "nariz de puchindrum", el famoso boxeador, había que abonar. Porque mandaba a parar la guagua y cerrar las puertas. ¡Qué tiempos tan felices aquellos!

Tata era el conductor. Me recuerda Carlitos que era, ademas, el Rey del Corte. Cada vez que tiraba un corte los muchachones "lo coreábamos": Vaaaa

Carlitos trae a Tata Cuñanga, con su gorra de visera negra y ventilación. Con huequitos laterales, flotando en el arte y renovación envaselinado hasta el último pelito.

El palillo de medio lado. Los cortes de su arte y renovación con mucho pelo en los lados y el cogote rebajado a tijera.

De uno de los bolsillos del fondo del pantalón salían cuatro piquitos de pañuelo: blanco, planchadito; almidonados por la mamá de Tata, allá en Mantilla.

Este pañuelo, con su forma peculiar no se usaba, pues, era de adorno. Tata olía a aquel perfume baratón llamado *Capricho de mujer*, que tumbaba como le diera a uno de frente.

Tata se paraba siempre en atención, como un soldadito de plomo. Su vida la compendiaba en este sapientísimo pensamiento sacado de su coleto: **"Yo soy Tata Cuñanga el que como se avispa no lo mangan"**.

Esto de coleto es para hacerme el culto. Y en cuanto pueda digo que Tata era persona decente no "un punto filipino"; para señalar que esto de "punto filipino" lo usa Camilo José Cela. Así me hago el culto, repito, como los citones.

Lo sacaba de su cabeza, caballeros. El pensamiento era éste: **"No importa que la mar se seque si yo no navego en ella"**. ¡El fenómeno! Más sabiduría popular ni Cervantes en el Quijote.

¿Citando a Cervantes en el Quijote? ¡Qué culto soy! Me he contagiado con el ambiente.

Bueno, cuando Tata jugaba domino mostraba lo que es la sabiduría popular en acción. Esto si son citas, y de las buenas, las que vienen a continuación.

Se las oi en el paradero de la ruta catorce, muchas veces, cuando yo iba al kiosquito que allí había a tomar café, o en la guagua cuando hablaba Tata con la gente del barrio.

He aquí los pensamientos de Tata Cudanga". *"Cuando la cosa está que arde no enciendas fósforo". "El que es "picher" no necesita que por el tiren pelotas". "El que sabe tirar pelotas no necesita que nadie le caliente el brazo".*

Otros: *"El ñato tiene que respirar por la boca o queda". "Los patines, con ruedas de municiones hacen ruido pero no derrotan ni a un fotingo". "Contra pulmonía doble no valen parches porosos". "Si la malanga está dura dale candela".*

Muchos más: *"Cuando el tiro suena no corras. Échate al suelo". "Un hijo es una experiencia. Dos son una bendición". "Si llueve, cubrete, o coges catarro".*

Y estos: *"El que siempre se respalda en otro tiene flojos los pies". "El único verso bien hecho es la mujer". "El que come gofio se atora". "El que come trapo se atora".*

¿Y qué me dicen de estos?: *"El que sabe batea solo". "El que no llora es porque no pela cebolla". "El que pide ayuda a otros es porque está manco".*

En la guagua montaba todos los días uno de los más connotados comunistas cubanos. Era periodista. Escribía sus minas demoledoras, porque estaban cargadas de mentira, en una gran Revista Cubana.

En la guagua pontificaba. "Aquí la culpa de todo lo tiene el imperialismo yanqui". "Los burgueses se enriquecen con el hambre del pueblo".

Y así por cuadras. Un día para respaldar uno de aquellos vomitivos gritó: "Y como dijo Berson (Bergson, filósofo francés) en "La risa".

No terminó. Tata Cuñanga que a pesar del tremendo corte que había dado estaba atento a la conversación le grito: "Berson o como sea dijo: *el que no se ríe es porque le duele la barriga*".

La guagua se vino abajo de risa. Tata miró para atrás. Dejó de ver el diente de oro y señaló:

*"El que no echa una llanta no coge un flai"*. "Que yo soy Tata Cuñanga en la Habana".

Filosofía popular y de la buena. Y sobre todo cubana, que vale más que la mejor cita erudita del mundo.

# EL EXILIO Y EL LENGUAJE POPULAR CUBANO

Hace ya algunas décadas, Germán Arciniegas, en su libro titulado: *El Continente de siete colores*, se había fijado en la conexión que existía entre la copiosidad del hablar del cubano y los fenómenos de inestabilidad política que se producían en nuestra patria.

Aunque su tesis no deja de ser interesante lo más importante es que viera, como Humboldt, el sabio alemán, que el lenguaje era algo más que forma de expresarse una persona. En efecto, afectaba otras zonas fuera del discurso linguístico.

Esa verborrea cubana, a la que se refería Germán Arciniegas, mostraba en boca del pueblo, no del cubano culto obligado por su educación a ceñirse a ciertos patrones linguísticos, como ha señalado al hablar de la relación entre cultura y lengua mi Maestro Don Manuel Alvar, sobre el lenguaje popular, mostraba unas características en las que no se había reparado: era extraordinariamente metafórica: *"tiene unos ojos que tumban coco y funden bombillos"*; –tiene unos ojos preciosos– *"si la miras te muere porque le dicen langosta"* –el trasero es prominente–; ¡**qué volumen tiene Carlota...** (Qué trasero tiene); extraordinariamente picaresca: "a ese mujer le dicen Yoyo" –sube y baja al pene cuando quiere–. *"A esa mujer le dicen mascota"* (para referirse a una dama de costumbres poco morigeradas: las coge todas, es decir, coge todos los penes, como la mascota que usa el jugador de primera en el juego de pelota recoge todas las pelotas que van por el área de la primera base).

Alvaro de Villa, en un escritor que publicó en el Diario de las Américas, en el exilio, señaló que la lengua popular cubana encerraba una filosofía.

Lo ilustró con el cubanismo: *"guardar el carro"*, que se usa en Cuba, entre nosotros los cubanos, para decir que se ha fallecido. "Mi pobre hermano estaba en la flor de su vida y guardó el carro".

La vida, para el cubano, no es agonía y dolor, decía Alvaro de Villa. Es un disfrute. Es un paseo en carro. Cuando se termina se le pone en el garaje como al automóvil. Se dejó de pasear.

Caminando por lo trillado por de Villa, añado yo que lo por él dicho se corrobora por otros cubanismos que significan morirse. El cubano usa un concepto deportivo en ellos. Tiene de la vida un concepto deportivo.

Por eso, morirse, es *"colgar los guantes"* o *"entregar el equipo"*.

La muerte no tiene un contenido trágico, por lo tanto, para el cubano. Por eso, dice, en broma, cuando alguien fallece que *"se puso el chaquetón de pino tea"*.

Claro que la vida es un paseo y tembién una lucha, pero sin tintes agónicos. Por eso, decimos cuando alguien se muere, asi mismo, que *"colgó el sable"*.

Este lenguaje popular era altamente despreciado por el cubano de patrones cultos en nuestra patria y aún hoy. Yo no olvido como se puso mi madre cuando me dijo algo y yo le contesté: *"zafa conejo"*.

Aquello para ella fue peor que un terremoto. Pero cuando se me ocurrió afirmar que "mi prima tenía la jeta muy palida", fue peor.

"Eres un chuchero, me dijo". "¡Qué cosa más horrible: tener un hijo chuchero!" (Personaje de germanía que vestía de forma peculiar con pantalones cerrados en los tobillos y aglobados arriba...)

Aquel lenguaje, para ella, como para los patrones cultos, era, como todo lenguaje popular, el lenguaje del chuchero. Era chuchero.

Y es verdad que el chuchero lo usaba. Pero la palabra no era creacion cubana, no era cubanismo. Era castiza. Y con que prosapia. Jeta la usa Cervantes en el *Quijote*.

Si el chuchero usaba: "chamullar" que es casticisimo. Y "orlogio" que es palabra italiana. Que es reló.

Y es, que como indico Eladio Secades, el lenguaje popular permeaba todos los estamentos cubanos. Lo dice claramente en una de sus estampas.

Ilustra, en ella, como las mejores muchachas del Yatch Club le llamaban a "tomarse unas copitas en el bar", "tirotear en el bar". Todos lo decimos. Y traía la conversación entre el padre y la madre sobre una señora a la que el marido le planteó el divorcio. Señaló el hijo de los que hablaba "es que la cogieron, casi seguro, fuera de base". ("Con las manos en la masa").

Pero el mejor señalamiento de Secades que ilustra, además muy bien, lo que explicó Alvaro de Vila, es cuando se refiere a aquel hombre serio, que jamás había dicho una mala palabra, circunspecto, que estaba muriéndose, y que mirando para el hijo mayor le dijo: "Alberto, hazte cargo de la orquesta". (Hazte cargo de la familia).

Y, por supuesto, como yo en esta época, en la suya, Eladio Secades, el mayor costumbrista de la República en el análisis de los tipos humanos del Folclore Cubano, hizo estampas con el lenguaje del chuchero. Eladio Secades comprendió el enorme sentido metafórico de la lengua del chuchero, inclusive de su "germanía", que es el tipo más bajo de lenguaje, si se hace una graduación lingüística de los tipos delincuenciales, como fue en Cuba, el chuchero, por lo general.

Doy unos ejemplos: de esta lengua y su sentido metafórico *"echar ritmo por los pierriles"* (bailar muy bien); *"tener mofuco en el peinjaus o en el guiro o en la chirrimoya"*: "ser muy inteligente": *"tumbar caña con la chalupas una mujer"*: tener un meneo de cintura precioso o ser muy bella.

Pero, como dije antes, este lenguaje o todo lo que oliera a lenguaje popular inclusive algo tan castizo y más usado que jeta: "la sin hueso", era rechazado por la sociedad cubana.

"El Asturianito", Constantino Suárez, que hizo uno de los diccionarios más completos de cubanismos en Cuba, es decir del nombre dado por los cubanos a los objetos, a las plantas, a las aves, y ciertas expresiones aceptadas por todos los estamentos sociales cubanos, añadió en él, un suplemento con el "lenguaje popular" que es la forma de expresarse los estamentos no sometidos a la rigidez de la norma culta lingüística.

Verán ustedes que he hecho una distinción entre "cubanismos" y "lengua popular", aunque el término genérico de Cubanismos englobe a "lengua popular", como se ve.

El Asturianito, hoy olvidado, pero un hombre que recogió, entre otras cosas, mucha poesía y poeta cubano, y que hizo, con su Diccionario, un aporte gigantesco, aún no reconocido, a la lingüística cubana, atisbaba que en el habla popular cubana era importante y tenía que ser recogida.

También es muy importante, en el estudio de la lingüística patria, la publicación, apenas llegado al exilio, de una pequeña recopilación del habla popular cubana que hace José Pérez, un periodista cubano del que no se va a saber más: se pierde en la barahunda del destierro.

Lo mismo hace Antonio Carbajo: publica un pequeño opúsculo donde recoge innumerables "cubanismos": del lenguaje popular.

Y no pasó mucho tiempo que en la Universidad de Miami escribiera una tesis de licenciatura recopilando el popular cubano.

Esto, he dicho, e incluyo la tesis, es muy importante: porque, inconscientemente, los autores están demostrando que este lenguaje popular es "la identidad del cubano".

Lo llevan a cabo, digo, insconscientemente. Estos opúsculos nombrados y la tesis no son meras recopilaciones. No se hacen cosas así sin responder a una urgencia anímica: la de la identidad.

Darío Espina, unos años después, publica su diccionario de cubanismos, lo que demuestra, la voluntad inconsciente de mantener el lenguaje popular en vigencia y de darlo a conocer.

Al mismo tiempo se ha venido produciendo un fenómeno entre los muchachos cubanos que llegan al exilio muy jóvenes y que rápidamente aprenden el inglés: entre ellos hablan un español que no es más que el lenguaje popular cubano.

Yo, en mi libro de Estampas Cubanas que titulé: *"Dile a Catalina que se compre un guayo"* les dediqué una estampa, "Los cubanazos", donde recojo parte de ese lenguaje.

Así se expresan estos cubanos; *"Se le cayó el chemise"*: "se acobardo"; *"Es un feo de madre"*: "es muy feo"; *"Se compró unos atómicos preciosos"*: "se compró unos zapatos de suela enorme"...

El lenguaje popular, por todo lo que he dicho hasta ahora se ve que es creado por el cubano obedeciendo a ciertas características anímicas privativas del habitante de la Perla de las Antillas.

Yo he señalado que la picardía; el relajo; el choteo; el pesimismo, en fin, la forma de ser del cubano se encuentra en el lenguaje popular.

Ello se debe a que el barrio donde me críe, en la Víbora, en la calle de Luiz Estevez entre Párraga y Felipe Poey, era frecuentado por los muchachos que moraban en los solares de la Calzada de Diez de Octubre.

En su forma de hablar, de la que yo fui copartícipe, percibí que estaban todas las características del cubano, y lo he venido diciendo desde el primer día que comencé a escribir las estampas y los diccionarios.

Así hablaban mis compañeros de juego, gente pobrísima, en su mayoría de los casos: *"Por un frijol no se pierde la olla"* (No hay nadie indispensable); *"Le tira a la pelota que no es carne"* (Trata de darle a la pelota con toda su fuerza); *"Corre más que un peo sin aspargatas"* (Corre mucho); *"Es un venado corriendo"*: *"Es un guineo"* (Estos son sinónimos del anterior. Tanto el venado como el guineo son muy ligeros); *"Le mete al perro en el mismo hocico"* (Se dice del que, en el juego de pelota –base ball– le da muy bien a la pelota); *"La pelota es redonda y viene en caja cuadrada"* (Cualquiera tiene un contratiempo).

Estos eran algunos de los refranes que repetían Lazarito y todos ellos: *"El que se va con la mala se poncha"*; (El que sigue lo falso se hunde) (Es refrán que viene del juego de pelota –base ball–); *"El que no tiene vista que no juege al taco"* (El que no tiene habilidad para algo que no lo haga) ("Jugar al taco es darle con un palo de escoba a una pelota pequeña); *"El palo de la quimbumbia poca veces llega lejos. Hay que meterle al bate"* (Cuando se hace algo hay que utilizar los medios apropiados) (La quimbumbia consiste, en un pedazo de palo de escoba, con el que se le da a otro pedacito de palo, que tiene las puntas puntiagudas, y al que se hace saltar para pegarle). Sinónimo del anterior es: *"Cuando es quimbumbia no camina sólo salta"*.

Como mi padre tenía la peletería El Mundo, sita en Reina frente a Galiano, tuve ocasión de juntarme con los muchachos que vivían en la Plaza del vapor, que era un semillero de lenguaje cubano como: *"Queso e bola de mujer, que se apriete si no la quieres perder"* (La mujer que tiene un trasero grande, redondo como el queso de bola, que sea muy honrada si la quieres conservar); *"Si te echas Siete Potencia eres fu hasta en la esencia"* (Si hueles a perfume barato eres una persona que no vale nada). *"Si ves al azul, corre por las escaleras"* (Si ves al policía corre por las escaleras de la Plaza. Esta estaba convertida en un sitio donde, en pequeñísimas habitaciones vivían todo tipo de gente, desde decente hasta maleantes. Cuando alguien era perseguido por la policía, corría por las escaleras del sitio, hacia arriba, gritando y los vecinos bombardeaban al gendarme con todo lo que podían para evitar la persecución); *"Aficionado al billete pierde hasta lo que posa en retrete"* (El que compra billetes de la lotería, sin tasa ni medida, "pierde el culo" o sea todo).

Estos refranes estan relacionados con la Plaza: con la venta de billetes, con la venta de quesos, en sus soportales; con la venta de perfumes en los mismos y todos ellos y los anteriores, así como los cubanismos, dan las características del pueblo cubano.

Al graduarme de abogado, lo fui de oficio de la Sala Primera de lo Criminal de la Audiencia de la Habana. En la Sala Primera que comprendía todo el barrio de los muelles de la Habana. En ellos encontré lo mismo que en el barrio donde me crié: que los refranes y los cubanismos dan la identidad nacional; las características de nuestro pueblo.

He aquí algunos refranes de los muelles: *"El que se liga al Blu Mun, catapúm"* (El que frecuenta los bares de los muelles –el "Blue Moon", que el cubano pronuncia "Blu Mun", era uno de ellos– está perdido); *"En los muelles, el respeto, tiene de nombre hierro"* (En los muelles sólo respetan al que porta un puñal); *"Azúcar se vino al suelo, coge otro saco y al vuelo"* (Se cayó el saco de azúcar y ésta se desparramó. Pues coge otro y a trabajar. Lo que indica que ninguna desgracia achanta al cubano).

No hay duda que las características del alma cubana desde la valentía, desde el afan por la libertad, hasta "el relajó", en lo que tiene de "contra institucional" y "el choteo", en lo que tiene de "rebajamiento" de la seriedad de una situación, por ejemplo, se hallan en el lenguaje popular.

Si todo lenguaje, es identidad, el lenguaje cubano, tan vigoroso y expontáneo, la muestra en toda su identidad.

De manera que, en el exilio, muchos hemos coincidido en lo antedicho. Veamos por ejemplo lo que me escribe un amigo de vasta cultura que conoce muy bien este tema: Raúl Ramos Proenza.

Cito: "los dicharachos representan una sicología, toda la vida del cubano en su lucha contra la adversidad, la historia oculta y el desarrollo verdadero del alma nacional. Toda la vivencia de nuestra nacionalidad, nuestro carácter, nuestras virtudes dejaron las huellas (...) en esas expresiones.

Y continúa Raúl Ramos Proenza afirmando de los refranes y cubanismos de la patria cubana: "Las expresiones populares cubanas siempre evocan una circunstancia política concreta. Podemos asegurar que por medio de los dichos, vulgarismos, términos, del argot, comparaciones, frases adverbiales y locuciones de todo género podemos escribir nuestra historia".

Esta extensión de los refranes y cubanismos a nuestra historia demuestra el enorme poder de la palabra hablada en Cuba. La importancia que a ella le da el cubano. Demuestra la importancia de los refranes y cubanismos como definidores de la identidad personal y nacional.

De aquí, que en el Exilio, tres mujeres hayan hecho estudios importantísimos sobre el lenguaje cubano. Ellas son Concepción Alzola, a quien se dedica este libro, con Beatriz Varela, que ha

82

estudiado, entre otras cosas, el lenguaje relacionado con el chino cubano, y Rosa Valdés Cruz con sus calas en la forma de hablar del cubano.

No sólamente profesionales se han dedicado a la labor de estudiar el lenguaje popular cubano.

Entre los cubanos que no fueron a la universidad, pero que conocen o conocieron el lenguaje de su pueblo, al dedillo, se encuentra Julio Cesar López Comas, fallecido, quien me ayudó, con su vasta erudición, en el campo del lenguaje campesino.

En realidad, los que firmamos los trabajos sobre el lenguaje popular cubano hemos sido meros instrumentos del pueblo cubano. El del mérito es nuestro pueblo, que ha creado uno de los corpus linguísticos más importantes de lengua hispana.

Es de notar, que el lenguaje popular cubano es otra de las víctimas del comunismo cubano. El de hoy, recogido por la doctora Varela y otros compatriotas y del que yo doy una muestra, es de una absoluta pobreza.

Para la existencia de un copioso lenguaje popular, para que una lengua actúe, como es el caso del lenguaje popular, metafóricamente, se necesita una sociedad libre. Se necesita, además, una alegría interior, o sea, del espíritu. Todo esto, el marxismo lo ha cortado en su raíz.

El lenguaje popular cubano, concluyo, es la identidad nacional. Contiene el alma del cubano. Contiene su manera de ser. Por eso, el exilio cubano lo ha salvado para la posteridad.

# EL LENGUAJE DEL CHUCHERO:
# HABLA Y DELINCUENCIA.

Hay que distinguir, muy bien, entre el habla popular y el lenguaje delincuencial de las prisiones.

Motiva este ensayito un artículo en que se cita esa poesía del chuchero que todos sabemos:

> Me rompiste el coco
> me dejaste listo desde que te silé
> me abocaste tanto que me volví loco
> me fui hasta tu lado y pun, te fajé.
> Esa misma noche te eché con el rayo
> y como enseguida me dijiste sí
> me metí contigo igual que un caballo
> te quise con kile y hasta te creí.

La poesía sigue pero damos esta "estanza", solamente, porque basta para que se vea de que estamos tratando.

El chuchero sentó, como tantas veces he señalado, sus reales en Cuba allá por el año cuarenta. Su reinado fue de dos o tres años. Fue efímero. Sin embargo, todavía conservan, los que ya dejaron de serlo, la forma de caminar típica del chuchero. Lo hemos visto, aquí, en el exilio. Conserva, en ella, aire de perdona vida.

El autor del artículo reprueba que se estudie al chuchero; como yo he hecho.

No comprende que el chuchero aunque se enfrentó en Cuba, siempre, a la reprobación ciudadana, es un personaje popular. Como lo era Monipodio el jefe de la banda de ladrones sevillanos, que llevó Don Miguel de Cervantes y Saavedra, a una de sus novelas ejemplares, y que nos describió, en pintura única, en el "patio de Monipodio".

El lenguaje del chuchero fue recogido en el periódico Zig Zag de la Habana, repito, en una sección titulada: *El Chuchero Catalino*. Y su lenguaje, el que pasó al lenguaje popular, el que repitimos los cubanos hoy, como "acere", "andoba", etc, nos hizo reir, infinidad de veces, en las piezas literarias-humorísticas que Castor Vispo, el escritor gallegocubano, insertaba, semanalmente, en la revista: *Bohemia*, con el título de: *El Loquito*.

El lenguaje del chuchero no es el lenguaje popular cubano. Llamamos lenguaje popular cubano, o habla popular cubana, a los medios de expresión que usan las clases más populares de la población cubana, y que es recogido por todos los estamentos sociales, por que contienen el alma colectiva cubana.

Es, también, lenguaje popular cubano, el creado, ocasionalmente, por medios cultos, como cuando se forja una expresión en la publicidad, como por ejemplo: "Esto es Cuba, Chaguito", para anunciar al ron Bacardí.

Pero estas expresiones o locuciones, se repiten por todos los cubanos, por que han buceado, para ser producidas, en esta alma colectiva referida.

El lenguaje del chuchero, tampoco es el lenguaje de las cárceles, que recogieron Salillas y Lombroso. El chuchero usaba las palabras castizas en su jerga. "Jeta" –cara–; "a la vera" –al lado de–; "la sin hueso" –la lengua–; "chamullar" –hablar–. Usaba el caló proveniente de Andalucía, del que hablan las clases más bajas: "malage" –mi angel– "pierrili" –pies–; palabras italianas: "orologio": reloj.

Era, además, como se ve en la poesía que citamos, un creador de metáforas: "echar con el rayo", quiere decir: enseguida te enamoré; "romper el coco", es gustarle mucho la mujer. (La mujer le gusta tanto que su cabeza –coco–, explota.

Hasta coge giros del inglés. Por ejemplo, el policía es el "polisman", –que es la forma que el cubano pronuncia "policeman"– se encuentra en el chuchero.

Y así mismo, voces africanas: "subuso", "cállate", se oía en boca del chuchero.

De todas maneras, el chuchero fue una moda pasajera. Pero muchas de sus voces quedaron incorporadas al lenguaje popular.

Lenguaje cubano: "Juan es el hombre orquesta": hace de todo; "Eso es un bolero son de Miguel Matamoros": eso es un cuento de camino; "Formar una bronca que se cae Goya": formar una bronca tremenda, de órdago, que hemos oido en el exilio se combina pues, con expresiones chucheras como: "chamúllale barín", donde el chuchero a utilizado el castizo "chamullar".

Todo este lenguaje de germanía es a veces transitorio, porque su fin es el de fomentar la identidad momentánea de un grupo. Y el que se mantiene siempre vigente es el lenguaje popular es el que se identifica con esa alma colectiva.

Su estudio tiene hoy, el del lenguaje popular, una gran boga, sobre todo, en el terreno sociolinguístico, como análisis de las características de los pueblos, que ha sido mi fin, o por su creatividad que llena vacíos.

Aquel vacío a que se refería Lytton Strachey, que en su estudio de la prosa de Sir Thomas Browne nos dice, que la forma anglosajona del inglés, debido al ritmo, reproduce la sensación de la vida ordinaria –como se ve, digo yo, en las novelas de Jane Austen– pero sin embargo no puede captar lo complejo de lo remoto.

Vacío que puede llenar la lengua popular porque su expontaneidad y creatividad lo permiten.

Pero al chuchero hay que estudiarlo. Yo lo he hecho en varios ensayos, que se hayan como apéndices en mis diccionarios de cubanismos más usuales. He estudiado, inclusive su poesía.

Y lo he hecho por una razón muy sencilla: porque el chuchero demuestra, como nadie, que le lengua es identidad social. Demuestra, de una forma fehaciente, que hay una relación extraordinaria entre la lengua y la sociedad. Demuestra, que con la lengua, los grupos sociales logran una diferenciación que, a la larga, se convierte en identidad.

El lenguaje del chuchero no es el lenguaje, repito, del delincuente. Es, como éste, exotérico, pero se diferencia del mismo, por ejemplo, en el hecho, de que el chuchero trato de elevarlo a corpus linguístico hasta con reglas gramaticales.

Es una lástima que Zig Zag, –De La Habana no el del Exilio– el periódico a que me referido y, que como dije, tenía una sección dedicada al chuchero, en que este escribía, hasta dictando reglas gramaticales para su lengua, no se encuentra en parte alguna.

El día que podamos dar con una colección del mismo que venimos buscando hace mas de treinta años, se arrojará una gran luz sobre el lenguaje del chuchero cubano.

# LA VIOLENCIA EN EL LENGUAJE POPULAR CUBANO

Esta ponencia tiene como fin mostrar la violencia en el lenguaje popular cubano. Damos por sentado de que el lenguaje responde a las peculiaridades psicológicas de los pueblos, y que éstas han sido moldeadas por su trayectoria histórica y social, y que, por lo tanto, hay una íntima conexión entre la violencia en la historia política de Cuba y el lenguaje popular cubano.

En efecto, toda la historia cubana ha estado permeada por la violencia. La colonización española se caracterizó, sin que ello merme los efectos positivos de la misma, por una violencia inusitada contra el nativo. Contra el indio siboney.

Éste pierde su libertad y es condenado a trabajo forzado a través de dos instituciones: Las encomiendas y los repartimientos. Fue, además, ultimado. Las matanzas de Pánfilo de Narvaez, en Caonao, Camagüey son legendarias. Las novelas de Don Emilio Bacardí, han dejado un vivo testimonio de todas estas violencias, perpetradas por el conquistador contra el aborigen.

Sufre Cuba, después, el ataque de piratas y bucaneros. Las ciudades son saqueadas y algunas veces dadas al fuego. Esta violencia es recogida por el Primer Monumento de la Literatura Cubana, el poema de Silvestre de Balboa titulado: *Espejo de Paciencia*, donde se pinta la derrota del pirata Girón, uno de los famosos de la época, por los cubanos.

Viene, a continuación, la toma de la Habana por los ingleses. Los cubanos son los que se ponen al frente de la tropa que defiende a Cuba de la agresión. Un cubano, regidor de Guanabacoa, Pepe Antonio, las dirige. Este muere así como innumerables cubanos, vecinos de la isla.

Los episodios de violencia siguen sucediéndose en la Isla. El ahorcamiento de los vegueros por las autoridades coloniales, en Jesús del Monte, región de la Habana, por oponerse al estanco del tabaco, hace a estos protomártires de la independencia de Cuba.

Ya en pleno siglo diez y ocho comienzan las conspiraciones contra España que son aniquiladas por la violencia. Las expediciones como la de Narciso López riegan de cadáveres los campos de Cuba y el vil garrote funciona sin tregua.

Éste hace causa común con los fusilamientos y se llega al colmo fusilándose en unas horas a los expedicionarios del Virginius, casi trescientos hombres. Sólo, cuando el capitán de un barco inglés, surto en el puerto de Santiago de Cuba, amenaza con bombardear la plaza, cesan éstos. Antes, una conspiración como la de "la Escalera", en la que se involucra pérfidamente, por las autoridades al esclavo, él conoce no sólo de fusilamientos sino de torturas sin límites.

De 1868, al final de la Guerra Hispanoamerica de 1898, la guerra independentista es de tal violencia que según Rafael Martínez Ortíz, en su libro *Cuba, Los Primeros Años de Independencia*, el campo cubano quedó tan desguarnecido por la guerra y la política cubana de quemar todo aquello que favoreciera a las tropas coloniales, que los pájaros morían de hambre por no tener semillas para alimentarse.

Esta guerra conoce de uno de los actos de violencia y crueldad más terribles padecidos por una nación de este continente: el de la Reconcentración. Las escenas dantescas, vistas en los campos de concentración nazi, comenzaron en Cuba con la Reconcentración, como se llamó a la política del General de Plaza Sitiada, Valeriano Wayler, quien llevó, a los campesinos, a campos de concentración, sin agua y sin alimentos. La mortandad fue espantosa.

Inagurada la República, siguió la violencia: luchas instestinas entre los diversos partidos políticos; conspiraciones contra los presidentes continuistas como Machádo y Batista, matizadas por años de violencia terrorista y policial. Hasta el día de hoy, en que la violencia gubernamental no reconoce límites, y se basa en los más depurados métodos para ejercerla; aparte de la brutalidad del sistema carcelario de hoy, que Cuba conocía en todo su dantesco ropaje, como ilustra el terrible alegato de Martí contra el mismo, titulado: *El Presidio Modelo*. El Apóstol llevó en la ingle, toda su vida, una llaga producida por el grillete que tuvo que arrastrar.

El lenguaje, como se ha afirmado, responde a una íntima conexión con la historia política y social de los pueblos. El lenguaje es un producto histórico y social. Hoy, en Cuba, lo hemos señalado en multitudes de ocasiones, entre ellas en una de estas convenciones, se han dejado de crear "cubanismos", porque la realidad social lo impide. Clara prueba de ello es la comparación entre el lenguaje popular de ayer y el de los Marielitos, como se llama a los llegados en 1982 por el puente marítimo Mariel-Cayo Hueso.

De aquí, que la violencia en el lenguaje popular cubano, en los cubanismos, se manifieste en diversas formas: Como violencia pura y simple tenemos, entre otros el caso *"de pelar al moñito"*: matar; o de *"partirle, a alguien, la ventrecha"*, *"o el esternón"*, que es, igualmente, matar; o *"volarle el cartucho a una mujer"*, o sea, "desvirgarla".

Como violencia que usa del simbolismo citamos: *"tener nitrón en el coco"*: ser muy inteligente; *"tener tiza en el moropo"*: ser, igualmente, inteligente; *"tener saoco en el güiro"* que tiene el mismo significado. La representación mental que acompaña a estos cubanismos es de "prepotencia", de violencia en la facultad mental; la que tiene una forma de manifestarse fuera de cauce –violencia–, fuera de lo normal, de forma extraordinaria. Y como violencia que acude a formas peyorativas, vemos en el saludo: *"¿Qué pasa Monstrúo?"* o *"Monstrillo"*, *"¿y qué Tigre?"*; *"¿Cómo estás Caballo?"*, *"¿Qué me cuentas Caballón?"*, *"¿Y qué Canallón?"*, siendo "canallón", un vivo que ha roto todos los moldes del personaje; que está extralimitado en el oficio de vivir sin trabajar. La misma violencia se observa en la alabanza hacia una persona: "Ganó el premio. *La partió*", "Ganó el premio. *Se la devoró*", "Ganó el premio. *Se la comió*", "Cuando lo acorralaron *se botó de guaño*": significa que fue valiente en extremo; o *"se botó para el chapeao"*, que quiere decir lo mismo; o *"se botó para el fresco"*, de igual significado.

Inclusive, cuando se refiere a la mujer, para describir su belleza, el cubano usa un lenguaje preñado de violencia porque las formas de la mujer se ven como cosas desorbitadas no apolíneas. Así, una mujer que "tiene un cuerpo muy bello", *"está salvaje"*, o *"está asesina"*. En una palabra *"está para comérsela"* o *"está que de un peo rompe un corojo"*.

Si el trasero es bello se le compara con lomas: se trae lo grande, lo descomunal, lo violento al cubanismo: *"lo que tiene atrás es la loma de la Vigía"*; *la Loma de Candela*, *"el volumen de Carlota"*, cubanismo este último tomado de una canción que es muy popular que reza: "¡Qué volumen tiene Carlota! ¡Qué volumen!".

Si tiene senos prominentes tiene *"Las tetas de Managua"*, que son dos lomas que brotan de las de Managua en la provincia de la Habana. O son *"melones"*, una fruta grande, donde la matería se ha exparcido violentamente.

Las expresiones que denotan violencia, sobre la belleza de la mujer, abundan. *"Es la Tarzana chilena"*, nombre que tenía una luchadora de gran estatura. O *"es la salvaje blanca"* refiriéndose al título de una película que pusieron en Cuba y cuyos carteles de propaganda exhibían a una rubia de gran cuerpo, bellisíma, a una verdadera amazona. O *"está Trucutú"*, es decir tiene formas fuertes como Trucutú, el personaje de los "muñequitos", de las tiras cómicas. Es, así mismo, *"un planazo"*: esta tan bella que duele en el alma como duele el planazo, el golpe con el canto del sable o del machete.

*"Está*, igualmente, *despampanini"* comparándosele con Silvani Pampanini una bella actriz italiana, muy popular en Cuba. Como se ve, una cosa "despampanante" está fuera de surco, está desorbitada. Se acude pues al juego de palabras y se afirma que la mujer bella está "despampanini".

Si, por el contrario, la mujer no es bonita, es feísima, entonces, se recurre de nuevo a la violencia y se dice que *"está para el tigre"* o sea, "que no vale nada" y es una carne que hay que tirársela a un tigre para que lo devore.

Esta asociación de la belleza de la mujer con la violencia en el lenguaje se ve muy bien, por otra parte, en estos dos cubanismos: "cuando la mujer es muy bella, *"es un tiro"* o es, así mismo, *"un tiro en un callo"*.

Esta violencia se ve, de la misma manera, en el lenguaje sexual relacionado con la mujer: fornicar con la mujer es *"darle con la caoba"*, o *"darle con el cabo del hacha"*.

La violencia se extiende hasta el hecho de conquistar una mujer. De ahí que si la mujer acepta los requerimientos amorosos, el cubano dirá en lenguaje popular: *"aterricé de flai"*, como si cayerá con fuerza, del cielo la bola: ("Flai" es como el cubano pronuncia "fly", o sea la bola que va hacia el cielo en el juego de pelota, bateada por el bateador). Con la fuerza de un avión aterrizando.

Hasta la violencia se usa en el caso de que un hombre se enamore, súbitamente, de una mujer. Hay una poesía chuchera, del chuchero, uno de los especímenes más bajos de la sociedad cubana que alternaba el castizo, con el lenguaje popular y con la germanía que dice así:

Me rompiste el coco
me dejaste listo
desde el mismo instante

en que te silé,
me abocaste tanto
que me volví loco
Me fuí hasta tu lado
y pun te fajé.
Esa misma noche
te eché con el rayo...

Así que gustarle a uno, súbitamente una mujer y enamorarse a simple vista es *"me rompiste el coco"*, "me volaste la cabeza" en castizo; así que enamorarla es tirarle un rayo, algo mortífero: *"te eché con el rayo"*.

Muchas veces *"me rompiste el coco"* es *"me partiste el melón"*, *"me volaste el pentjaús"*, ("pent-house" en inglés) *"me chapiastes la azotea"*; *"me asesinaste el moropo"*, *"me hiciste el cerebro picadillo"*, mostrando esa violencia de que estamos hablando.

Y lo mismo sucede con *"le eché con el rayo"*. Hay innumerables sinónimos de él, en el habla popular como: *"le tiré con todos los hierros"*, *"le metí con la fori fai"* –con la cuarenta y cinco, la pistola forty-five norteamericana, *"le eché nitrón a la lea"*, *"le mandé tremenda yaya"*. (La "yaya" es un látigo).

Hasta para enamorarla, y me refiero al tiempo, hay violencia. El chuchero, en la poesía mentada afirma: "esa misma noche le eche con el rayo". Las variantes del cubanismo son del mismo matiz: *"en cuanto la silé me monté en Rancho Veloz"* –Rancho Veloz es el nombre de un pueblo en Cuba que el chuchero ahora da a un caballo en que acaba de montarse, cuyo nombre indica que con una rápidez extraordinaria, por lo tanto, llena de violencia, enamoró a la muchacha; *"le caí con la lata y los patines"*, o sea, la enamoré enseguida, hablándole bello –los patines indican velocidad como la lata, el automóvil–. Significando, ambos, al mismo tiempo, enfatizo, hablar bello.

Inclusive, cuando de meter cizaña o de viciar el ambiente se trata, el cubanismo se relaciona con la fuerza y dice: *"Juan está dando cranque para destruir esto"*: "Juan está envenenando el ambiente". "Dar cranque" es la operacion que se hacía en los autos antiguos. Había que darle vuelta a una maniugeta, y con mucha fuerza, para que el motor arrancara. (De "to crank", en inglés)

Esta violencia se extiende hacia otras áreas en las que como en las anteriores no debía existir. Describir a una mujer bella utilizando la violencia está fuera de todo el sentido lógico de la lengua.

Inclusive, cuando el cubano, habla de que va a regañar a alguien, de que va a atacar a alguien, pero muy comedidamente, se usa la violencia. Así si un muchacho está muy majadero y la madre le piensa pegar dice: *"lo voy a tocar con limón"*. El tocar con limón, aunque se refiere a una violencia comedida, puede desorbitarse y hemos encontrado a muchos que hablan de tocar con limón de esta manera: *"Me ataca y lo voy a tocar con limón. Voy a caerle con todos los hierros"*, *"Lo voy a tocar con limón. Voy a caerle con el último invento"*. De manera que, en innumerable ocasiones, "el tocar con limón" va más allá de una violencia pequeña a una total.

Hasta para algo que tiene mucho efecto: un discurso, algo que llama mucho la atención, en fin, para diversas situaciones, el cubano dice: *"Ese discurso es directo al pulmón"*, "esa opinión *es directa al pulmón*", "ese libro es *directo al pulmón*", "esa pintura es *directa al pulmón*".

No hay duda de que en el lenguaje castizo hay también expresiones de violencia. Pero no son una característica esencial del mismo, como sucede en una gran área de los cubanismos. Estos usan la "violencia lingüística" como se ha visto, en diversas ocasiones, en campos no relacionadas con la misma, como es el caso de la belleza de la mujer, o de la conquista por el enamorado de la amada, o el caso de la bebida, que es, como se vera en seguida, muy significativo.

En efecto, cuando el cubano habla de un trago de cerveza al que se le ha tirado un vasito de ron, –el vaso se deja caer, físicamente, en la cerveza– le llama: *"una bomba de profundidad"* porque como estás, explota al que lo toma.

Por eso el cubano a una sidra mezclada con ron o sidra le llama, *"España en llamas"*, si se viene a ver el mismo efecto explosivo tiene la mezcla del anís y el coñac. Los españoles, le llaman, a ésta lógicamente, sin recurrir a nada violento, "sol y sombra".

Este contraste entre el cubanismo y lo que se dice en España del anís mezclado con el ron, ejempláriza, muy bien, lo que se indica sobre la violencia en los cubanismos.

Esta misma violencia se ve en lo que llamo la entonación fonética, en la que el cubano hace uso de la acentuación y de las vocales explosivas para llenar la oración de violencia, siendo esta acentuación fonética ajena al español castizo.

Los ejemplos de esto son muy ilustrativos. Veamos, si la mujer es bonita, el cubano dirá que *"está Monstrúa"*, alargando la sílaba, "ua" y dándole un gran vigor al acento fonético. En este caso que tratamos el acento en la "u" al final de la palabra, le permite una gran violencia expresiva.

Dentro de esta entonación fonética está el uso de las consonantes explosivas.

Dentro de la violencia linguística, que es como yo llamo a esta característica de violencia de los cubanismos, que usa la "p", vocal explosiva, una palabra que es sinónimo de violencia, "partir", encontramos los siguientes cubanismos: *"le partieron el carapacho"*, *"Le partieron la ventrecha"*, *"le partieron el esternón"*, *"le partieron el cigüeñal"*, –el cigüeñal es donde se agarran las vielas de un motor en un automóvil–, *"le partieron el árbol de leva"* –otra pieza importante de un automóvil–, *"le partieron las patas"*.

Se usa, así mismo, la explosiva "r" en un sinnúmero de cubanismo con la voz "roncar". "Roncar", psicológicamente, para el cubano, es sinónimo de violencia. Así que una cosa mal hecha se ha de recibir con indignación, con violencia y se exclamará: *"Le ronca el tubo lo que hizo"*, *"Le ronca la Pandereta"* –la pandereta hace ruido: violencia–, o *"le ronca la matraca"* –la matraca es otro instrumento que hace mucho rüido–, o *"le ronca la malanga"*.

Otras veces se recurre a un aumentativo, al que llamo "de extensión", en que se usa, no la terminación gramatical de mismo: "on", "ona", sino que se usa en la oración un grafismo que extiende la violencia de la misma, verbigracia: *"le metieron el cuchillo hasta donde dice trade mark"*. Lo que se diría en castizo, "le metieron el cuchillo de punta a cabo".

En innumerables casos, el cubanismo, para aumentar la violencia en vez de usar el aumentativo gramatical, añade al castizo, relacionado con la violencia, una palabra que aumenta la misma. Un caso típico es el del castizo: "le metió el cuchillo hasta el mango", que el cubanismo copia añadiendo una palabra como se verá: *"le metió el cuchillo hasta el mango y la contrapelusa"*.

Los cubanismos, por lo tanto, y pongo punto final a esta ponencia, no siguen las reglas lógicas ni psicológicas del español del castizo. El ejemplo del anís y el coñac, llamado "sol y sombra" por los españoles, he dicho que es esclarecedor en el punto.

Pero se podrían dar muchos más: de una mujer bonita en el lenguaje castizo se dice que es bella, hermosa; en el lenguaje popular español que está buena, pero no se recurriría a la violencia para afirmar que "está Trucutú", personaje muy fuerte de las "tiras cómicas" "o muñequitos" en Cuba "que esta bruta", como dice el cubano.

La violencia en la lengua popular del cubano viene, a mi entender, de que ha permeado toda la vida cubana desde la colonización española hasta el presente. Más estudios sobre el particular son necesarios. Téngase este como una llamada de atención sobre el tema.

# NIVELES DEL HABLA CUBANA

El habla cubana, como la mayoría de las lenguas, tiene varios niveles de comunicación: el culto y el vulgar.

Pero en el habla cubana se ha producido un fenómeno que no existe en las otras: el habla vulgar, es decir, la de los varios estamentos del pueblo, se ha unido, de forma indisoluble, al habla culta.

Es que Cuba era una sociedad abierta y de una gran movilidad social.

Sociedad sin aristocracia de sangre, título nobiliarios o blasones, y estando la movilidad social en forma ascendente determinada sólo por la posesión de la riqueza, era natural que los diversos estamentos sociales se mezclaran fácilmente produciéndose una fusión del lenguaje.

Esta movilidad se produce, además, porque la sociedad cubana del ayer se mezclaba democráticamente, y participaba de las mismas influencias: del radio, de la televisión; de los mismos expectáculos públicos.

Había, así mismo, en los más ricos, en los de arriba un afán de actuar como los de abajo. Este afán democratizador influye, pues, decisivamente, en la mezcla de las lenguas de los cultos y de los que no lo son. De los cultos y de todos los estamentos que están debajo de ellos.

Esta falta de distancia social, repito, acerca el lenguaje. Por ejemplo, un personaje típico de las clases más pobres es el "parqueador" o sea el que "aparcaba" el coche de otros.

Debido a la falta de espacio para "aparcar" (En Cuba Parquear) había necesidad de servirse de ellos. Se estableció, asi, una camararería entre el parqueador y el cliente, que lo era casi siempre de clases elevadas.

Cuando el cliente llegaba y preguntaba: ¿Cómo estas hoy, Perico?, éste le contestaba: "Docto, *sacando agua y carbón*": –ganándome la vida–. Enseguida, fijándose en el traje que llevaba el cliente, al que llamaba siempre doctor, sin importarle si era un profesional o no, le decía: "¿*Docto, de donde sacó esa majagua?*" y mirando al nuevo automóvil le espetaba señalando para el mismo: "Docto, *¡te la comiste!*".

Los cubanismos "*sacando agua y carbón*", –luchando– "*majagua*", –traje bueno – y "*te la comiste*" –lo has hecho muy bien– entraban, inmediatamente en el vocabulario del cliente y éste las usaba en ciertas ocasiones.

Verbigracia, si iba a salir con su señora y ella se le presentaba con un traje muy bonito exclamaba: "Chica, ¡te la comiste!"

Si felicitaba a un compañero abogado en la intimidad, porque había ganado un caso díficil le señalaba: "Pedro, ¡te la comiste en este caso!", o le decía en otras ocasiones, "Mulato", al igual que "monina", y "acoy", "tigre", "monstruo", "Monina, te voy a prestar un libro"; "¿Monstruo, con quien vas a bailar hoy?": "Tigre, ese cliente es bueno".

Estas palabras populares el culto, el profesional las llevó al vocabulario y hoy son parte de la vida diaria del cubano a tanto ha llegado su movilidad semiótica. Así que un compañero era, en lo privado: "el acoy", "el monina", "el monstruo". Le decía pues machaco: "*que bien, informaste, monstruo!*" "*Hoy te la comiste, monina*", mezclando dos cubanismos aprendidos mientras le aparcaban el carro. Cubanismos provenientes de las capas mas bajas de la población cubana, repito.

Por supuesto, si felicitaba en público no usaba los cubanismos, porque se consideraban y se consideran, alguno de ellos, la mayoría, cosa vulgar. Se les rechaza cuando no hay íntimos y se les usa cuando se está reunido con ellos.

Esta aceptación-rechazo no ha sido aun estudiada. Pero es interesante señalar, aquí que un personaje cubano de baja categoría, de la más baja, llamado el "chuchero" usaba palabras castizas mezcladas con su jerga: como son "jeta" (cara) y "chamullar" (hablar).

Son dos palabras de uso no muy corriente, casi caidas en desuso. Pues bien, el culto las consideraba vulgares porque la oía a los chucheros o a los de baja clase social, y no las repetía como afirmé, en público.

A esta difusión del lenguaje popular contribuyó mucho la pareja folklórica, formada por "el negrito" y "el gallego", los dos personajes folklóricos cubanos. Tuvo mucho que ver en el desarrollo del lenguaje popular y en su movilidad, ya que "el gallego Sopeira" y "el negrito Chicharito" llegaban a todos, desde el "modesto solar" o "cuartería", sitio donde vivían en las peores condiciones las familias pobres, a la más resonante mansión, con su programa diario.

Un ejemplo ilustrara el caso. Había un disco muy popular donde el personaje de la canción decía que estaba en *"el tibiritabara"* gozando de la vida. Esta era una expresión creada por el autor de la canción, sacada de algun estrato social que él visitaba o con que convivía. No había salido del grupo que la utilizaba para expresar que "se estaba de lo mejor".

Pues bien, el Negrito, cuando el Gallego inquiría, como se hallaba, contestaba: "en el tibiritabara, gaito:

Inmediatamente estaba la expresión en todas las bocas y pasaba, con ella, igual que con los cubanismos del parqueador: el hombre culto la usaba a su conveniencia.

Por eso, cuando un amigo abogado le preguntaba como estaba, le contestaba: "en el tibiritabara". Pero claro, esto no lo hacía con un magistrado.

Así, que como se ha visto, y por las razones apuntadas –no son todas pero debido a la brevedad de la ponencia, sólo uso unas pocas– las clases altas tenían dos niveles de habla: el culto y el popular, algunas veces proveniente, como se ha visto de bajísimos estratos sociales.

Lo contrario, es decir, el fenómeno de una movilidad de la clase alta a la clase baja no se produjo ya que era la clase baja cubana la que tenía el gran sentido metafórico, heredado del negro y del andaluz, y la expontaneidad idiomática que siempre, como se sabe, es privativa de la misma.

Es en la clase popular, la entraña del pueblo, donde los cubanismos forman un "corpus", que es de una riqueza tal que se puede hablar sólamente con ellos sin utilizar casi palabras cultas.

Esta clase es la que se comunica, usando siempre el cubanismo. Es la que saluda como el parqueador: *"Y qué mostrillo?" Y qué caballo?"*, *"Y qué campeón?"*, para preguntar, "¿cómo estás?"

Es la que para decir, "que no tiene dinero" afirma que *"está en la prangana"*, o *"en la fuácata"*, o *"encuero y con las manos en los bolsillos"*.

La copiosidad del lenguaje popular permite que existan en ella muchos niveles del habla. Transcribo de entrada los que tomo de mi "Diccionario de Cubanismos más usuales", donde presenté creo, por primera vez en la linguística cubana, lo de los niveles del habla cubana.

Si suponemos que Juan va a pedir a su novia, Lola, Juan podría espresarse de diferentes maneras al hablar con un amigo:

"Mi querido amigo Pedro. ¡Qué alegría encontrarte! Hoy es un día muy feliz para mí porque voy a pedir a Lola. Me casaré con ella enseguida. Es el amor de mi Vida".

De este lenguaje que llamaremos castizo pasamos a otro en que el castizo empieza a descomponerse lentamente.

Juan, en efecto, podría decir: "Mi querido amigo Pedro; Chico, que chevere encontrarte! Hoy estoy de farolero porque voy a pedir a Lola. Con la velocidad del rayo me voy a casar con ella!"

La descomposición puede adquirir grados mayores: "Mi hermano Pedro, estoy, mi hermano, de comparsero de los buenos. Hoy voy a pedir a Lola para caer de flai en el himeneo enseguida".

O aun mayor; "Mi hermano Pedro, estoy que ya tú sabe, negro, de farolito chino. Figúrate que hoy voy a tallar con el padre de Lola para con el consentimiento del ocambo caer con ella en San José del Lago".

Un chuchero diría: "Mi hermano, estoy, ya tú te puedes figurar: de Marte y Belona con la Orquesta de los Palau. Hoy le parlo barín al puro de Lola la jevita mía pa que con la venía del socio la tire de flai en Varadero y le caiga arriba, nague, con la bendición de la minfa de ella".

Otro chuchero se expresaría así: "Oye caballón, estoy de cohete chino, negro. Le voy a caer de Tarzán al pureto de Lola que es la jeva que me aboca y chamullarle como lo haría el Pureto del Chamullo, mi hermano para que me deje aterrizar en el promontorio de Lola, que es la lea que me llega a donde el cepillo no toca mulato. Estoy metido hasta donde dice collín".

Esta copiosidad, machaco, permite expresarse en muchas formas.

Veamos un ejemplo: Había alguien que esta pasando mucha hambre y quiere conseguir un puesto por el que esta peleando arduamente. Dice:

(A)     *"Ya tu vez, tigre, en la fuacata. Pero pugilateando. Yo sí que echo pa'lante. Le estoy cayendo a piñazos vivo a la vida. Ya tú verás que cojo oxígeno, vate".*

(B)     *"Ya tú vez, andoba, estoy comiéndome un cable, y luchando por tropezar con la butuva. Yo si que no me caigo y engancho de todas todas".*

98

(C)    *"Y que, acoy. Aquí, comiéndome un cable. Comiéndome un niño por los pies. Sacando chispas de la humedad. A punto de tocar el jon, vate".*

(D)    *"Y que monina; Comiéndome un niño por los pies con tenis y todo. Ya me comí un cable y voy por el carretel. Pero metiéndole al perro en el mismo hocico. Al empatar con el guanajo".*

(E)    *"Vaya, bativiri. Comiéndome un niño por los pies con tenis y todo y sin quitarle el pañal. Matando un chino y arrastrándolo en dirección contraria por la calle Obispo, pero disfrazado de Mandrake el mago y sacando filo, contrafilo y punta. Al aterrizar".*

Por lo tanto, y concretando: (A) Existen varios niveles del habla cubana. (B) El area linguística culta aunque rechase el nivel más vulgar lo usa en privado. Por lo tanto cualquier palabra de los niveles anteriores puede ser usada, en la intimidad, por el sector linguístico culto donde un humilde podía levantarse a grandes planos. (C) Esto se debe no sólo a la movilidad social y al hecho de la confraternización entre las clases sociales así como a otras causas: el radio, la televisión, la influencia de la pareja folklórica de "El negrito", y "El Gallego"... (D) La clase mas humilde es la verdadera creador del lenguaje popular por haber heredado un gran concepto metafórico del andaluz y lo negro. Esta clase, dada la copiosidad de los cubanismos puede hablar, sin necesidad de usar el castizo.

Para resumir esta ponencia déjenme explicar a que se debe el fenómeno primeramente observado por Eladio Secades, al fenómeno que nos hemos referido a lo largo de esta ponencia. El fenómeno se debe al hecho de la composición histórica de la sociedad cubana.

Cuba no desarrolló, como Méjico y el Perú, por ejemplo, una aristocracia colonial de "sangre azul". Cuba nunca fue Virreinato. Cuba fue, como Puerto Rico, parte de un arco defensivo de las colonias españolas y una factoría de azúcar.

En Cuba no había ni oro ni plata y fue la agricultura la base de nuestra sociedad.

Cuba fue una sociedad agrícola de pequeños agricultores dedicados al cultivo del tabaco; de viandas; de frutos menores. Agricultores libres y de modestísimo origen, que no tuvieron escrúpulos en mezclarse con las negras libertas, sexualmente, o de hacer vida social con la sociedad negra formada por los negros libertos. Sociedad que acaparaba los pequeños oficios; los humildes oficios: sastre, albañil, etc.

A estos dos estratos de la sociedad cubana: agricultores humildes y libres, negros libres (libertos) y humildes, hay que añadir un factor importantísimo. La tripulación de la flota a la que llamaban, por su bajísimo origen social, y por su vida, "la chusma", carenaba en la Habana por luengos meses, esperando por los vientos favorables para partir hacia la Madre Patria.

Una incipiente clase media formada por los pocos profesionales que existían, los miembros de la administracion colonial, se encontraba encajada entre la clase humilde citada y la clase rica, constituida por los comerciantes peninsulares y los hacendados cubanos, dueños de las factorías de azucar.

"El africano", como se le llamaba a los hombres de color en tiempo de Arango y Parreño, tardó muchos años para que se le reconociera la condición de cubano. Poco a poco, algunos de los esclavos iban logrando la libertad y pasaban a formar parte de los libertos. Estos libertos, agrupados en sociedades africanas, "la Ebakúa", verbigracia, constituyeron los llamados "Cabildos", donde al conservar sus ritos sus creencias: su cultura, fueron fuente del sentido metafórico y picaresco del lenguaje popular cubano. Los cabildos eran una sociedad cultural y de ayuda mutua.

Por lo tanto, la mayoría del pueblo de Cuba, es de una procedencia humildísima. No hay una clase rica de criollos que sea numerosa.

Esta clase rica, aúnque muy cubana, es la que va moldeando nuestra identidad: Saco y Caballero, junto a miembros de una clase de intelectuales muy apegados a ellos al inicio de la creación de "la nacionalidad en busca de patria", como Varela. No es como la adinerada y aristocrática de un Méjico, por ejemplo. Sabe que para lograr "la nacionalidad de patria" necesita del pueblo cubano; de los humildes.

Éste tiene, cuando la clase de los hacendados está haciendo una "nacionalidad de patria", conciencia de una identidad que lo une: y no ve diferencia, en cuanto a igualdad, con los hombres de la flota; con la marinería que espera para llevar el oro, y la plata, y las maderas preciosas a España.

En esta clase, repito, hay un sentimiento de igualdad que lo da, al mismo tiempo que el humilde status social, la unidad linguística, en el sentido de la creatividad y la no sujección a reglas linguísticas.

El africano ha llevado su metáfora al español que habla, como se ve en los primeros cantos de Cabildo: las sociedades fraternales formadas por los libertos. Es el mismo sentido metafórico de todas las clase humildes: la del agricultor y la de la marinería.

Cuba, nace, pues, desde un principio, en un plano de igualdad, que vamos a ver en la República, y que se caracterizaba por la fraternidad que existía entre todas las clase sociales.

En realidad nunca hubo clases sociales en Cuba. Los ricos no la constituían. Iban a los mismos colegios que la clase media; a las mismas universidades, cundidas, por cierto, de clases humildísimas.

Los ricos no aspiraban al poder político. Lo único que los separaba de los demás cubanos era la capacidad económica. Pero ni ésta les daba muchas ventajas: la clase media tenía acceso a las mismas riquezas que ellos. A los mismos sitios de esparcimiento; a lo mismo.

No había ni identidad del rico, vuelvo a decirlo, como clase social. El barbero era el mas íntimo confidente de un rico o de los políticos; de todo el mundo. El rico y el pobre iban a los mismos bailes de la Polar o de la Tropical. Y en la Universidad luchaban con las mismas armas a su disposición, en la lides electorales o en las competencias académicas.

De ahí que un rico se casara lo mismo con una mujer de clase media o de las clases más humildes.

De ahí el rechazo al uniforme. Uniformar a una criada daba lugar a bromas continuas contra los que lo hacían. Era, además, ponerse en el ridículo.

El rechazo de los títulos nobiliarios es unánime en el cubano. Sobre esto hay una anécdota muy famosa. Cuando Antonio Prío Socarrás, el hermano del presidente de la República, Carlos Prío Socarrás, se postuló para Alcalde de la Habana en uno de sus recorridos políticos le fue presentada una señora. Esta dijo la Condesa de...; una de las dos o tres damas de la nobleza que había en la República.

Antonio le extendió la mano y le contestó: "Mucho gusto. El Conde de Montecristo".

La anécdota se hizo nacional y hace reir al cubano. La considera un gran chiste.

Esta igualdad nacida de motivos históricos es la que más ha permitido que el vocabulario popular esté también en la boca de las clases cultas o de alta posición social.

De que se haya extendido por todos los estamentos que forman la sociedad cubana, como se ha explicado.

101

# LENGUAJE POPULAR CUBANO EN LA CUBA DE HOY. CREADO A PARTIR DE 1959.

De 1959 en adelante, cuando se acuña el Cubanismo brotado de una canción del trovero Luis Puebla, que sería uno de los mas fervientes partidarios del regimen marxista que se inauguraba, cuando se acuña el cubanismo: "En eso llegó el Comandante y mandó a parar": se "acabaron las desverguenzas "políticas", el lenguaje popular cubano comienza a decaer hasta alcanzar el nuevo niveles irrisorios comparado con el del pasado.

La aridez que impone en la vida social cubana la línea marxista, metiéndola dentro de un esquema fijo de pensamiento y "eslogans" es un golpe mortal para el nuevo lenguaje popular surgido a partir de 1959.

Ahora existen, bajo el marxismo, para dar un ejemplo, unos pocos programas de radio, ceñidos todos a la ortodoxia del partido. Y así pasa en todas las actividades sociales.

La regimentación ha matado la vida social y por lo tanto la fuente de inspiración del cubanismo. Ya no hay mil canciones distintas de donde brotan los cubanismos sino unas pocas dentro de la línea oficial marxista.

Al quedar, repito, la vida social dentro de una caja, y uncida a unas cuantas reglas, se pierde hasta el sentido metafórico de la lengua. Eso ha pasado en la Cuba actual.

Y es que la metáfora necesita una lengua que no se ha estratificado, como sucede con todo en el marxismo, y una movilidad social caracterizada por la libertad.

En la recopilacion del lenguaje cubano creado a partir de 1959, que vamos a incluir aquí, se verá todo lo anterior. Se verá, así mismo, que el lenguaje del chuchero –lenguaje del ayer– y las palabras de origen africano –también, del origen cubano– se encuentran en profusión.

**ALFITA.** Taxi o coche policía. "Para ir a casa hay que coger un alfita pero el último se rompio". (Taxi). "Llevan cuatro detenidos en el alfita" (coche policial). Ver Chevi.

**ALUMINIO.** *Partir el aluminio*. Hacer algo muy bien. "Con ese cuadro partiste el aluminio". **Sinónimo.** *Partir el bate*. (Viene del juego de pelota (Base Ball). El bate es con lo que se tira a la pelota. Puede ser de madera especial (la majagua cubana) o de aluminio. Cuando se rompe es que se le ha dado muy duro a la pelota).

**AREPA.** *Ser arepa*. Ser lesbiana. "Esa muchacha es arepa". Sinónimo. **Ser fuerte.** "Ella es, indiscutiblemente, fuerte".

**BACHECHE.** Persona a la que nada la rinde. "Es un bacheche".

**BALÍN.** Pantalón. "¡Qué bien te queda ese balín".

**BAMBA.** "Caminar la bamba". Aceptar un reto. "Me interpeló y caminé la bamba".

**BARRER.** Acabar con un individuo, cosa o asunto. "Barre con eso". *Barrer con su maldad*. Ganar por tener mas capacidad física o intelectual que el contricante. Se aplica, sobre todo, a los pleitos judiciales. "Pedro barrio a Juan, con su maldad; en el juzgado".

**BATE.** Ver *Aluminio*.

**BICHA.** Prostituta. "Ayer hubo una recogida de bichas por la policía".

**BOLÁ.** *"¿Qué bolá?"* "¿Como estás?" "¿Qué bolá, Casimiro?" **Tener bolá fú.** Ser mala persona. "Elio tiene bolá fu" (En general no valer nada y esperarse de él cualquier cosa).

**BOTE.** "Empujar el bote". Saber lo que esta pasando. "Confia en mi que yo estoy empujando el bote".

**BURDA.** Mucho. "Compré una burda de libros".

**BURLE.** Dominó. "Vamos a jugar al burle".

**CABALLO.** *Caballo loco*. Castro. "El Primer Ministro es aquí "Caballo loco" porque todo lo destroza".

**CAGUA.** Sombrero. "Hoy me compré un cagua en la bolsa negra" (Este cubanismo ha variado de significación. Pertenece al lenguaje del chuchero (Ver voz en el tomo I de mi *Diccionario de cubanismos más usuales* y el análisis sociolingüístico en el tomo IV). En la Cuba de ayer significaba pantalón).

**CALDO.** El semen. "Se me salía el caldo de lo excitado que estaba" Sinónimo. *El Cardumen*. *"Estar alguien lleno de caldo"* no tener prestigio. "Elio esta lleno de caldo". Sinónimo. *Estar lleno de fécula*. O sea, de viento. (La fécula produce gases –viento– de aquí el cubanismo).

**CAMION.** *Camion del entongue*. Camion celular en que llevan a los presos. "Vi a mi pobre hermano en el camión del entongue"

("Entongue" es otro cubanismo: "Cantidad": ¡Que entongue de libros!

**CANA (LA).** El coche patrulla de la policía. "Llevan a cuatro detenidos en la cana". "La cana pasa todos los días de madrugada".

**CARA.** *"Aplaudirle la cara a alguien"*: Darle una bofetada. "Pedro le aplaudió la cara a Juan". Sinónimo. *Aplaudirle el teatro*.

**CARABAÑA.** *"Ser carabaña".* Ser un pícaro (En la Cuba de ayer se le decía, "jodedor criollo" "Pedro es carabaña desde pequeñín" Sinónimo. Ser *mafimba*.

**COCHINANCIA.** Suciedad física. "¡Qué cochinancia la tuya!". Sinónimo. *Cochinería*.

**CARDUMEN.** Ver *Caldo*.

**CARRETILLA.** Prostituta. "Es linda esa carretilla con la que estuve ayer". Sinónimo. Carretillera.

**CARRETILLERA.** Ver *Carretilla*.

**CINCUENTICUATRO.** Muerto. "El cincuenticuatro apareció en la esquina".

**COLOR.** Color de teléfono. Persona de color. "Es del color del teléfono.

**COHETE.** Persona presa, a la que se le induce a cometer un delito para después utilizarlo como delator. "Cuidado con él; es un cohete". Sinónimo. *Coger de cohete*. "A Juan lo cogieron de cohete y es muy peligroso".

**COMELONA.** Degenerada sexual que le gusta ver como el hombre se masturba. "Me dijeron que es comelona".

**COMER.** Gozar una mujer viendo a un hombre masturbarse. A ella le gusta comer. ¡Como goza cuando ve el acto!

**CHACALEAR.** Desmoralizar. "La policía lo chacalió".

**CHARDO.** Persona de la raza negra. "¿Conoces al chardo ese?" Sinónimo. Chaval.

**CHAVAL.** Ver *chardo*.

**CHEVI.** *Partir un chevi*. Coger un automovil de alquiler. "Voy a partir ese Chevi". Sinónimo. *Partir un alfita*.

**DESPACHAR.** Masturbarse. "Hoy me despaché en el baño". Sinónimo. *Disparar*. Dar muñeca.

**DISPARAR.** Ver *Despachar*.

**CULO.** *Culo roto*. Se aplica al que no vale nada en todo sentido. "No es más que un culo roto".

**CURRA.** Ver *curralo*.

**CURRALO.** Trabajo. "Me voy para el curralo". Sinónimo. *Curra.*

**ENTARABILLAR.** Ser detenido por la policía. "Lo entarabillaron anoche". ("La tarabilla" es un aditamento que se pone en el rabo del papalote y permite agarrar otro que vuela; De aquí el cubanismo).

**ENTONGAR.** Arrestar y llevar a presidio. "Los descubrieron con el contrabando y las entongaron ayer".

**ESPADA.** Pene. Ese niño nació con una espada grande. *Espada de carne.* El pene. "Ese niño nació con una gran espada de carne" (Sinónimo del anterior).

**FAMBECO.** Culo. ¡Que buén fambeco tiene esa mujer!

**FILMAR.** Fingir. "Aquí siempre hay que estar filmando o vas preso".

**FILMA.** Acto de fingir. "Esto es una filma continua para no ir preso". Sinónimo. *Filmación.* Ver *Filma.*

**FINCA (LA).** Cuba. "Esta el gobierno destruyendo la finca".

**FLOJO.** Sodomita. "Descubrí que es un flojo".

**FRIQUI.** Cubano que bajo la influencia norteamericana tiene actitudes de un "Hippy" norteamericano. Pertenece a la linea del llamado "Punk Rock". "Pedro es un friqui".

**FUENTE.** Ver Arepa.

**GALLARDO (EL).** El café. "Dame un gallardo".

**GUAGUANCÓ.** *Vivir de guaguancó.* Vivir sin trabajar. "Yo vivo de guaguancó" (Es decir sin hacer nada, tocando el guaguancó todo el día, una composición musical afrocubana).

**GUARAPO.** Fidel Castro (Porque no vale nada. *Ser guarapo alguien* es no valer nada), "Guarapo siempre tiene puesto el mismo uniforme".

**INAN.** "Mover el Inán". Apurarse. "Hay que mover el inán o no terminamos" ("Inán" es culo. Es voz africana. Se usó ayer. El nuevo cubanismo es, por lo tanto, *mover el inán*).

**IR.** *Ir quimbeando.* Ir apurado. "Voy quimbeando. No puedo atenderte" Sinónimo. *Ir quiteao* ("quiteado". El cubano aspira la "d").

**LADRÓN.** *Ladrón de azúcar.* El presidente chileno, Salvador Allende porque recibía miles de toneladas de azúcar cubana, gratis. "Ladrón de azúcar estaba hoy en la televisión".

**LEBÚ.** *"¿Como anda Lebú?".* ¿Cómo estás? "Te nota raro. ¿Cómo anda Lebú" (Este cubanismo está tomado del estribillo de una canción del ritmo Mozambique, Peyó el Afrokán".

**LEÓN.** Basurero. "Tira toda la basura en el león".

**LÍNEA.** "Meter línea". Estafar. "Lo prendieron por meter línea".

105

**MAFIMBA.** *Poner mafimba.* Poner todo de sí en algo que uno hace. Entregarse por completo a lo que uno hace. "En esta novela estoy poniendo mafimba". Ver *Carabaña*.

**MATADERO.** *El matadero.* Angola, "Lo mandaron de cabo, al matadero".

**MERCADITOS.** Mercados del gobierno cubano que veride a precios exorbitantes. "No se te ocurra entrar en esos mercaditos. Te estafan".

**MONADA.** Policía. "Por ahí viene ese monada tan duro". Sinónimo. *Mono*.

**MONO.** Ver *monada*.

**MUCARADA.** Blanco. "No hay duda de que el es mucarada puro". Sinónimo. *Múcaro*.

**MÚCARO.** Ver *mucarada*.

**MUNDIAL.** *Jugar al mundial.* Evadir un asunto. "Háblame claro y no me juegues al mundial".

**MUÑECA.** *Dar muñeca.* Masturbarse. "Dicen que ese muchacho da mucha muñeca".

**NEMESIO.** *Nemesio Cordobá.* No. "Se lo dije claro: Nemesio Cordobá".

**NEREIDA.** No. –"Préstame el libro". –"Nereida".

**NODAL.** Medicamento hipotético de carácter preventivo contra el Sida ("Aids") su nombre, Nodal, se forma por la contracción de la frase: *No da'l el culo.* "Lo mejor contra el Sida es Nodal".

**PERIODISTA.** Vendedor de períodicos. "Se gana la vida como periodista".

**PESTE.** *Peste a grajo.* Un ruso. "Yo no hablo con ese peste a grajo". **Peste en la boca.** Un ruso. "Ahí está un peste en la boca". También, decir, un individuo, sandeces. "Óyelo hablar a ese peste en la boca. No dice nada serio".

**PISTOLITA.** *Pistolita de tirar peos.* El ano. "Me arde la pistolita de tirar peos". Por antonomasia todo el culo. "¡Que bella pistolita de tirar peos tiene esa mujer".

**POPIS.** *Popis Tortalis.* Zapatos de "tenis" (tennis en inglés) que permiten correr rápido. "Compré por doscientos pesos un par de Popis Tortalis". (El nombre se toma del Coronel Tortoló que en la invasión de Granada huyó despavorido".

**PORCENTAJISTA.** Individuo con buena situación económica. "Pedro es un porcentajista".

**PRESIDIO.** *Jugar presidio*. Desafiar "Conmigo no juegues presidio que te mato" (Se llama así, en el lenguaje del guapetón cuando éste se pasa el pañuelo por la frente y frunce el entresejo).

**RECOGER.** *Recoger ésa*. No estar de acuerdo "Voy a recoger ésa. Estás equivocado en todo".

**RECULIÑAN.** *Ser reculiñan pa'tra*. Individuo que no es de fiar. "Ese hermano tuyo es reculiñan pa'tra". (Para atrás) (El cubano aspira la sílaba "ra" y la "s" final).

**RUBALKA.** Camisa. De la palabra rusa, Rubachka. Esta es una de las poquísimas voces rusas que pasó al lenguaje popular. Ello se debe al trueque de ron por camisas que el pueblo cubano lleva a cabo con la marinería rusa. "Esta rubalca es de buena tela".

**RUBIO.** De la raza negra. "Ese rubio es descendiente mandinga".

**RUFA.** En el lenguaje del ayer era autobús. (Hoy se aplica a cualquier vehículo. "Me cuelgo de la primera rufa que pase".

**RUSO.** Apestar como un ruso. Equivale al castizo: "oler a rayo". "Juan apesta como un ruso! Que se bañe".

**TANA.** *Tana, tana, yeyé*. Ser un pícaro (un jodedor). "Mi hermano es tana, tana, yeyé".

**TIBURÓN.** *Tiburón de arena*. Ladronzuelo que roba en las playas las pertenencias de las bañistas. "Hoy detuvieron a tres tiburones de arena".

**TERGOL.** Pantalón. "Conseguí un tergol" (Se deriva de la marca stergal.

**TIÑA.** *Ser un tiña*. Persona de la raza de color. "En este pueblo viven muchas tiñas". Sinónimo. *Tiñosa*.

**TIÑOSA.** Ver *Tiña*. *Parquear una tiñosa*. Presentarle a alguien, un problema difícil. "La verdad es que me has parqueado una tiñosa" (Es cubanismo tomado del ayer).

**TIRAR.** *Tirar pallá*. Encarcelar. "A Juan lo tiraron pa'lla" (Es "para allá". El cubana aspira la silaba "ra" y la vocal "a").

**TROMPETA.** *"Tocar trompeta de pellejo"*. Succionar, la mujer, el pene del hombre".

**VCE.** Radio portátil. "Te vendo este VCE. También nombre genérico que se aplica a cualquier radio soviético. "Ese VCE de Rusia no valen nada".

**VENTAJISTA.** El que busca ventaja. "Ese es un ventajista".

**VIEJO.** *"El viejo loco".* Fidel Castro. "Hoy habla el viejo loco". *"El viejo que inventó la miseria".* Lenín. "Ese de la barbita es el viejo que inventó la miseria".

**VIKINGO.** Especie de cuerpo de camión pero descubierto que arrastra un camión principal. "No dejes de cargar el vikingo".

**VITILLA.** "Meter vitilla". Observar. "Voy a meter vitilla en este puerto". Sinónimo. *Meter vititi.*

**VITITI.** Ver *Vitilla.*

# LA PSICOLOGÍA DEL CUBANO EN LAS ESTAMPAS COSTUMBRISTAS DE ELADIO SECADES.

Eladio Secades es el psicólogo del costumbrismo cubano. Nadie, antes, como él, estudió la psicología del cubano. Los escritos costumbristas de otros autores sólo recogían folklore; cuadros populares; maneras externas del ser habitante de la Perla de las Antillas. Eladio Secades recorrió ese camino sin lugar a dudas pero añadió algo más: diseccionó la psíquis criolla. Aparte de su estilo, pegajoso y personalísimo, este ahondamiento psicológico constituye uno de sus grandes aportes al costumbrismo cubano. Claro está, que sin olvidar que con él, la pintura folklorica logró prominencia nacional. El la popularizó y la llevó hasta los últimos estratos del pueblo.

En esta ponencia se verá la forma que el trató ciertas características del cubano.

Una de éstas es la chusmería, la que se puede definir como una caricatura de la realidad. Por ejemplo, si alguien se muere se diría: "fulano se murió". La chusmeria usaría otra forma de hablar como: "fulano se ñampió"; o "fulano guardó"; o "fulano colgó los guantes" o todavía más vulgar que las anteriores: "fulano se puso el chaquetón de pino tea". Es la chusmería al galope.

Esta caricatura rompe por completo con las reglas sociales del buen decir y del respeto a los muertos. Pero la caricatura no tiene que llegar a tales extremos: basta que desborde a las reglas sociales o de la buena educación. El que come haciendo rüido es un mal educado. Pero el que se goza en ello es un chusma. Por lo tanto el concepto necesita, además, un estado anímico en el que practica la acción: ese de caricaturizar la realidad o de desborde de las normas vigentes en la sociedad, en cuanto a la conducta.

Por lo tanto el que baila en forma descompuesta, a sabiendas de que se excede en los movimientos es un chusma. En las "Comparsas", Eladio Secades ha pintado muy bien este caso de chusmería:

También en los cabarets latinos llega el momento
en que el baile por parejas se deshace en conga de relajo

fraternal y tumultuario. Es la apoteósis del embullo tártaro, casi siempre después del segundo show. Las personas serias abandonan las mesas y se añaden a la comparsa improvisada. Los que tutean al folklore no dicen "salir", sino "botarse".

A los caballeros con cargos ejecutivos les estorba la educación y la chaqueta. Las damas vestidas de noche quisieran tener las faldas más cortas, para llevar la moral más alta. Los tímidos se animan a sujetarse a las caderas a la señora desconocida que va delante. Hay matrimonios modernos que se separan para que cada uno eche por su lado. De lo que resulta un divorcio temporal.

O la versión musical del divorcio. La conga saca a flote el instinto de arrollar que llevamos dentro. Y realiza el prodigio de que nos pongamos bastantes chusmas sin que los demás se ofendan. Será casualidad, pero todos los chusmas bailan bien. Las amigas importantes que de pronto pegan un grito, largan al compañero, sacuden los hombros y suenan los zapatos de raso como si fueran chancletas de palo, son chusmas que lo disimulan hasta que sienten el rüido de unos timbales bien tocados.

Si esto sucede en la comparsa lo mismo acaece en otro baile cubano, la conga. Secades escribe:

El gusto a la conga bajo techo tiene maneras muy peculiares de expresarse. En algunos se manifiesta en gritos intermitentes que nada tienen que ver con la diversión ni con el baile en sí. "Súbela". "Abre, que voy". Hay los que pasan arrollando y se asombran de que su arte tártaro no haya despertado expresiones de asombro. "Dime algo..."Otros enseñan la dentadura, alzan la cabeza, estiran y encogen los brazos y de pronto se quedan parados para asegurar que, después de eso, se acabo el mundo. Falta por contar los que en pleno delirio de la conga asocian la nostalgia de la Esquina de Toyo al Weather Bureau y gritan "agua de lluvia"...

Todo esto juega con otra peculiaridad del cubano: el "picuismo". Otro desborde. "Picuismo" es un cubanismo que quiere decir: "Cursilería". El que es cursi, en cubano, es un "picuo". El "Picuismo" es la exageracion del sentimiento o de los colores. Una camisa de colores muy chillones es "picua". El individuo que nos cuenta como murió su padre y nos dice: "papa murió en flor de santidad" acompañando sus palabras con una lágrima o con un gran lagrimeo es "picúo".

Un traje de solapas anchísimas; de pantalones del mismo tipo, es "picuo". Toda exageración "llamativa" es "picua" o sea cursi.

Una de las grandes estampas de Eladio Secades es la dedicada a los "picúos", a los cursis. La comienza hablando de que el "Picuismo" es una tendencia nacional. Lo hace en *"Gente Picúa"*:

> Hace tiempo pretendí un ensayo sobre los "picúos". ¿Pero es que en una sola crónica puede hacerse un análisis de todo lo "picuo" que hay en nosotros?. "Gran número de cubanos siempre estan cerca de ponerse "Picuo". Es un riesgo nacional y casi biológico. Evitarlo en nuestro ambiente, es una manera de ser educado. Debía organizarse la pedagogía contra lo cursi. Oímos decir: "Fulano es muy bueno, pero es muy "picúo". Y también: "¡que lástima que nuestro amigo sea tan "picúo", con el talento que tiene!". Somos "picúos" cuando extremamos cualquier sentimiento. Lo mismo de simpatía. Que de odio. Que de patriotismo.

Secades se prodiga dando ejemplos del picúo:

> Al "picúo" se le puede hacer un análisis por el alma. Basta con dejarle que se emocione elogiando lo hacendosa que es su novia. La pobrecita sabe hacer de todo. Y como mujer honrada es así. Y el "picúo" hace una pequeña circunferencia, uniendo las puntas del pulgar y del índice... Al picúo también se le puede hacer el diagnóstico por la manera de vestir. Aunque quiera favorecerlo el mejor sastre y use las mejores telas, siempre tendrá ese no se que inocultable, que suena a prima de violín mal tocado. El manoteo del "picúo" es único. Como es único su afecto, pronto a todos los sacrificios. Porque es amigo de los

111

amigos. Y con el si es verdad que no hay problema. A la primera ocasión nos dirá lo que le cuesta la ropa interior. Que siempre usa calzoncillos de hilo. Y nos enseñara un pedazo, de un tironcito...

"El Picuismo", "la cursilería" y la "chusmería" algunas veces suelen ir juntos. Ya se ha dicho que ambos gozan de la facultad de la exageracion. Secades lo indica muy bien en: *"El Piropo Picúo"*:

> Hay el chusma que cuando ve una mujer verdaderamente bella, resopla como si le hubiera subido la presión, se desabotona el saco como si de repente hubiera aumentado el calor. Aproxima su cara a la de ella y se proclama dispuesto a cualquier sacrificio. Que no se olvide que el cubano es el único galán que concibe el suicidio por amor a primera vista.
>
> No dejan de tener gracia los picúos que premian los encantos femeninos con un reparto por la libre de títulos de nobleza. "Adiós, princesa". "Dígame algo, reina". "Una sonrisita para el barón". Los picúos, además de decir el piropo, lo subrayan con gestos y manotazos. Podrá haber exageración, pero no se le niegue sinceridad al barbero que de un salto cae en la acera y grita que se acabó el mundo. Es verdad que se imagina que la vida ya nada podrá reservarle después del espectáculo de la mulata tiposa que cruza con la dentadura pareja y el vestido apretado.

El arma del cubano contra lo picúo es la trompetilla, es tirar una trompetilla. Esta es netamente cubana. La trompetilla es un sonido especial que se hace para ridiculizar algo, como, repítese, al picúo; a lo picúo. Se emite metiendo la lengua en un círculo formado por el dedo índice y gordo de la mano, y soplando. El escritor que se estudia señala, en su estampa del mismo nombre, algunos usos de la trompetilla:

> La trompetilla es la institución cubana que se ha lanzado a viajar por todas las latitudes sin trabas aduanales. A fuerza de necesitarla, inventamos la trompetilla para

112

uso local y con la seguridad de consumir nosotros mismos toda la producción. La trompetilla es protesta y resumen. Es el punto final salido de cualquier parte y que de pronto puede marchitar la primavera de una cursilería. Es la mejor arma, es el arma única contra aquellos que contínuamente se pasan de rosca y nos hacen el daño de su estridencia. Un derroche de patriotismo tropical, o un alarde de guapería, o el agudo del cantante malo que prolonga y eleva la nota, con las venas dilatadas y la cara enrojecida por un esfuerzo que sacude los hilos del pentagrama, como si fueran las cuerdas de un ring de boxeo. Cualquiera de esas manifestaciones de la humana guilladera puede provocar la chispa húmeda de la trompetilla, que enfría, desarma, reintegra a la realidad a los que sin darse cuenta se han salido de ella.

El país que de continuo siente el riesgo de los amigos que se ponene picúos, tuvo que inventar algo en calidad de legítima defensa. La trompetilla, en definitiva, es eso.

Secades nos da, por otro lado, su verdadero carácter, al escribir: "La trompetilla es protesta y resumen"; "es el verdadero concepto cubano sobre la libertad" de pensamiento:

> La trompetilla es el verdadero concepto cubano sobre la libertad de pensamiento. Casi todos los errores que aparecen en nuestra historia, son trompetillas que hemos dejado de tirar. Los hombres que han llegado a genios de la oración sin saber hablar, a cumbres de la literatura sin saber escribir y a diplomáticos hábiles sin poseer otra cosa que influencia política y esa amabilidad que manejan con igual sabiduría las dueñas de casa de citas y los Ministros Plenipotenciarios, pudieron ser evitados por medios profilácticos. Es decir, con una trompetilla a tiempo. Muchos triunfadores en Cuba son supervivientes gloriosos de la trompetilla. La trompetilla es el artículo de fondo que más teme y que mejor comprende el criollo.

Todas estas características están matizadas por la gracia. El chusma es gracioso; el picúo es gracioso; la trompetilla es graciosa. Todo esta matizado por la gracia, porque el cubano, y esto es una de sus peculiaridades más acusadas, es un pueblo gozador de la vida, extraordinariamente sensual que no teme a la muerte, que vive en la risa. Todo ello es producto de la herencia andaluza y de un clima ubérrimo; de un paisaje que es todo color, cargado de flores y de frutas que perfuman el ambiente; de un clima sin extremos, cálido, sin inviernos. La vida es, pues, para el criollo, un paseo, como ha señalado muy bien el humorista Alvaro de Villa al analizar la frase popular de "fulano guardó el carro", que se usa en vez de "fulano se murió". Esa falta de temor a la muerte que encierra, igualmente, la frase popular que se acaba de citar que compara el fallecer con el aparcamiento de un automóvil, la ilustra Eladio Secades magistralmente:

Mi personaje ha limpiado su itinerario de pesadumbres. Haciendo de la alegría una farola de comparsa. Y del corazón un cencerro de conga. Con cinco pesos en el bolsillo está botao...Una sola vez lo vi triste. Fue para contarme la muerte de su padre. Viejo tronco de una familia encuadernada de virtudes. Sostén, orgullo y ejemplo de unos hijos que lo adoraban cordialmente. Mi amigo lo suponía acaudalado de energía, pero aquel día al llegar a la casa notó un movimiento de extrana inquietud. Pechos que querían sollozar. Ojos que habían llorado. Hay en la vida ironías tan amargas, que lo que más separece al llanto es el catarro. El anciano estaba grave. Todo había sido de repente. El sacerdote debía de llegar de un momento a otro. De la habitación salió un hermano que como loco se le colgó al cuello para decirle: –Alberto, papá guarda... Las grandes desgracias sugieren ideas vulgares. Nadie sabe lo que tiene hasta que lo pierde. Después de todo es un consuelo llegar a tiempo para verlo todavía con vida. El viejo que desertaba miró a los hijos reunidos en torno a su lecho de muerte. No puede existir sobre la tierra un silencio más hondo. Por fin detuvo la mirada en el mayor de los hermanos y con voz que se apagaba y se iba alejando le dijo: –Me muero, Alberto... Hazte cargo de la orquesta...

114

He ahí como un cubano me contó la desdicha más grande de su existencia. Lo admirable del caso es que Alberto, de verdad, se hizo cargo de la orquesta, asumiendo la batuta de padre. Sin serlo.

Porque la muerte para el cubano –digo yo– no es más que un juego de azar. El lenguaje popular lo dice: "aquí lo que hay es que no morirse", es decir tratar de vivir a toda costa. Escapar del final de todas maneras. La muerte no es más que un azar, repito, del que hay que huir como el jugar a los terminales: apostar a la lotería, es otro de los azares de la vida, pero al que hay que buscar porque trae felicidad.

Ambos, la muerte y ese gusto por el juego de azar que son características del cubano, comparten la misma psicología criolla. Si muere un presidente de la República o un personaje mundial, o alguien de gran altura en la existencia el cubano "jugará "muerto grande"; el número 64 en uno de los juegos de azar clandestinos de Cuba: la China, la Bolita, Castillo y Campanario,... que todos estos nombres y muchos mas recibían. Los números se correspondían siempre con un objeto, con una persona. En la charada –otra lotería fuera de la ley– el "uno" era caballo; el "dos" la mariposa; el "tres" el gato-boca;... y asi sucesivamente. Si muere alguien, en el barrio, el cubano jugara el 8 que en la charada es muerto. Eladio Secades en forma graciosísima ha pintado esta característica nacional: el amor por los juegos de azar: Cuenta lo que le sucedió a un amigo adusto de carácter:

De regreso de una fiesta con su coche modelo 1937, lo detuvo una perseguidora, por llevar el farol de atrás apagado. Se apeó uno y se quedaron los otros mirando desde el interior del carro. Sacó la cartera y esperó la ceremonia. A los pocos minutos otros agentes le reportaron la misma infracción... enseguida unos terceros. Mi amigo, que estudió leyes para dedicarse al comercio y que dejó el comercio para dedicarse al periodismo, considera que no se debe de condenar, tres veces por la misma falta. Cuando llegó a la redacción estaba pálido de ira. Yo le imaginaba al borde del estallido. A poca distancia del suelto de cívica protesta. Al periodista las multas que más le indignan son las propias. Y los baches que más rabia le dan son los de la cuadra de su casa. La expresión de mi amigo oscilaba entre el editorial y la audiencia para contárselo, al jefe. Cuando se decidió a hablar me preguntó: –¿Qué número es policía?

Y acto seguido añade esto que encierra toda la psicología de un pueblo:

Fue aquel día que salió el cero cincuenta. Y mi compañero de caracter tan rígido, de conclusiones severas, comprendió que aún en los momentos mas trágicos existe la posibilidad de que el cubano sea feliz.

¿Cómo es el Cubano? Eladio Secades, en sus maravillosas estampas costumbristas dio la contestación.

# LA CHUSMERÍA EN EL LENGUAJE POPULAR CUBANO

Aún no se ha estudiado la relación entre el lenguaje popular y la chusmería. Esta ponencia, pues, es un estudio pionero que presentará el tema en una forma escueta, esperando que sea continuado. Porque la chusmería es una característica de las más interesantes del pueblo, y del lenguaje popular cubano, y muy parecida al "choteo" y al "relajo". La chusmería es una desvalorización de los modales. Y es propia de los niveles menos cultos de la población cubana. Aunque, algunas veces, permé los cultos.

Y es que hay, también, chusmas dentro de las clases más altas de la población, ya porque ésta le es innata a la persona ya porque se quiere imitar a los segmentos bajos de la nación cubana.

La chusmería, para hacerse más potente, apela, siempre, en el lenguaje popular, al gesto y a la entonación. Por eso se entiende su real significado, cuando se le ve en acción.

Por eso hay que entender que la chusmería, expresada en lenguaje popular o en lenguaje culto, porque no es privativa como señale sólo del primero, necesita del gesto.

El novelista y ensayista cubano, Alvaro de Villa en un extraordinario ensayo que escribió para mi libro de versos *Crocante de maní*, habla de la importancia del gesto. Nos dice, que el mismo "es lenguaje en movimiento".

En este estudio vamos a ver la chusmería usada en diferentes ocasiones. Comenzamos con la referida a invitar a una mujer a bailar.

Un chusma diría a una mujer a la que convida a bailar: *"Oye titiritera, ponte pa tu número y vamos a meterle al paso del perchero"*.

Este sería el chusma que es un chuchero, es decir, un tipo de germanía que usa un lenguaje de lo más bajo en la escala linguística cubana.

Pero en la misma escala podía decirle: *"Óyeme mi santa, vamos a meterle a los pierrili hasta donde el cepillo no toca"* (o *"hasta donde dice "tradimark"*) ("Hasta donde dice trade mark: marca registrada). "Pierrili" son pies. "Mi santa", es castizo.

"Titiritera", en el primer ejemplo, es amiga; "ponerse para sú número", consentir –es castizo de tipo familiar–; "el paso del perchero" es un paso en que el bailador pone los hombros en posición recta, encorva los pies y se va agachando hasta casi tocar el suelo. Y después, cogiéndose con la mano por el saco, junto al cuello, se va levantando. Este ejemplo es otra forma de baja expresión de la chusmería.

Otro uso del habla popular, en este caso, es el siguiente: *"Mi hermana, vamos a caer en el ladrillito y en el paso del perrito"*. "Bailar en un ladrillito" es bailar dentro de un espacio muy reducido marcando bien los pasos. "El paso del perrito" es el colmo de la chusmería. El bailador levanta el pie como el perrito y finge orinar.

En el piropo, asimismo, la chusmería se desplaya. He aquí algunos casos: *"Negrita, con esas boyas, me agarro a ti en un naufragio"*. (Se refiere a los senos que como son muy grandes les llama, el piropeador, "boyas"). *"Mami, aunque estás planchada me muero en el inán"*. (Esto no es solamente chusma sino casi grosero. "Estar panchada" una mujer es no tener senos y "morir en el inán" es gustarle mucho, al piropeador, el fondillo de la mujer).

Otro del mismo tenor es: *"Mami, me gustan tus gollejitos más que una naranja mandarina"*. "El gollejito" es un seno muy pequeño.

Este cubanismo es lo que se llama chusmísimo en cubano, o sea, rayando con la grosería.

Otro, muy popular es éste: *"Estás como santa Bárbara: santa por delante y bárbara por detrás"*.

"Estar santa" es castizo: es "estar una mujer muy bella". "Estar bárbara", en cubano, es "tener un cuerpo precioso".

En el terreno de la riña, acompañada la chusmería por la amenaza del gesto y la entonación, tenemos los siguientes: *"Con los intestinos tuyos voy a hacer chicharrones"* ("Hacer chicharrón", en cubano, es "matar"); *"Te voy a poner un garabatillo en la nalga"* ("Te voy a hacer varias marcas, con la navaja, en el trasero" es el significado de "poner un garabatillo en la nalga"). *"A ese titiritero lo convierto en carne molida"* ("Convertir en carne molida" es "matar"). *"Al que me tire un ronco le meto un salivazo en el medio del güiro"*. ("Tirar un ronco es "amenazar"; desafiar. "Meter un salivazo en el medio del guiro" es matar. "Guiro" es "cabeza"). *"Me miró de medio lado y le puse una zapatería en el culo"*. ("Poner una zapatería en el culo" es darle a alguien por el trasero, duro, lo que se dice en castizo: "caerle a patadas por el culo").

Otro uso del cubanismo, del lenguaje popular en la chusmería, es éste: *"Me miró de medio lado y le di una patada que se murió de hambre en el aire"* (Esto quiere decir, "que se le ha pegado fuerte", a alguien).

Del mismo tenor son: *"Ser mierda con peo"*: "Tu eres mierda con peo" (No valer nada); *"Poner a fumar cachimba"* *"El muy comefana* –tonto– *me insultó y lo puse a fumar cachimba"* ("fumar cachimba": "dar duro con los puños o con un instrumento").

En el exilio he oído: *Darle a alguien un crakazo*: "A la mujer le dio un crakazo. La enterraron ayer". (El "crak" es un píldora de cocaína que hace adicto, enseguida, al que la consume). ("Dar un crakazo" es herir, matar y asesinar).

Del mismo tipo son: *"Nague, a mí me roncan los melones"* ("Roncar los melones" puede ser: sobresaliente en algo; inteligentísimo; valiente. Depende de la manera que se use el cubanismo en la conversación: *"En matemáticas a mi me roncan los melones"*: es ser inteligente en el área. *"Yo venzo esa dificultad porque me roncan los melones"*: es ser valiente: "Melones" son testículos); *"Pedro conoce a Sansón Melena"* ("Sansón Melena" es "todo el mundo"); *"Si se me bota de guaño le parto la ventrecha"* ("Botarse de guaño" es "retar a alguien haciéndose el guapo"; "partirle la ventrecha" es "matar"); *"¡Qué manera de gustarme tu cosita mami!"*: "¡cómo me gustas!" (Es la letra de una canción. Tiene doble sentido porque la "cosita" puede interpretarse como "las partes pudendas de la mujer").

Más ejemplos del uso de la chusmería en el lenguaje popular lo tenemos en estos casos: *"Nena, te quiero tanto que si me pides el pescado te lo doy"* ("Pedir el pescado" puede ser, "te doy pajaritos volando" una forma castiza para decir: "te lo doy lo que tu quieras por imposible que sea". Pero puede ser, también:, "si quieres fornicar conmigo me tienes a tu disposición"); *"Mami, tú me das donde el cepillo no toca"* ("Dar donde el cepillo no toca" es llegar a la fibra más honda de un ser humano". Este cubanismo: "llegar a donde el cepillo no toca", es un anuncio radial de los años treinta que ha quedado para siempre en el lenguaje popular cubano. La expresión, sin ambargo, con la debida entonación de voz se ha fijado también, en el lenguaje cubano, como "chusma").

Son de la misma manera, casos de chusmería, estos: *"A Juana le volaron el cartucho"* o sea, "la desvisgaron". Tal es el significado de "volar el cartucho": *"Me gusta tanto, Juana, que le voy a dar con el cabo*

119

*del hacha"* ("Dar con el cabo del hacha es "fornicar"); *"Me gusta tanto Juana que le voy a meter con el último invento"* (La expresión, "meter con el último invento", indica que en el acto sexual se llegará, a cualquier extremo con la mujer").

Como se ve, los niveles de la chusmería, en el lenguaje popular son varios desde el mínimo al mayor. No incluimos los más extremosos para no herir el pudor. Pero no se crea que ellos se dicen secretamente. Por el contrario, están siempre en boca del chusma, como una cosa natural.

Lo anterior sirva como ejemplo del uso del lenguaje popular en la vida diaria. Véanse ahora un grupo de Refranes que se refieren a la chusmería, de uso popular y que, de cuando en cuando, afloran en la conversación.

De estos refranes hemos recopilados los siguientes: *"Mujer chusma culo grande"* (Casi siempre la mujer chusma es de muy baja clase social y ha habido mezcla de sangre negra en la familia por lo que presenta un trasero grande. De aquí este refrán que no tiene el menor tinte descriminatorio. Además, como casi siempre, en los solares –casas enormes o coloniales donde moran gente muy pobre en habitaciones multiples alquiladas por precios irrisorios: un par de pesos o menos, con un patio central donde se hace la vida comunual. En los solares es donde se encuentra la mayor cantidad de gente sin recursos y el mayor grado de mixegenación, el fenómeno de la esteteopigía –nalgas prominentes– se presenta abundante); *"Chusma y buen culo son solo uno"* (Lo de líneas de arriba explica este refrán); *"Mujer chismosa no es brincadora"* (Se dice, en cubano, de una mujer, "que es brincadora" cuando va de hombre en hombre o engaña al marido. Por regla general la mujer chusma es una mujer muy leal al hombre que está con ella. Por otro lado, los valores de la sociedad cubana de antaño, no dejaban que existiera mucho el engaño marital).

Otros refranes son los siguientes: *"Guapo y chusma le zumba"* (La reunión en una persona de las características de chusma y guapetón es algo terrible); *"Guapo y chusmón no tiene de achón"* (Este refrán es de lo mas interesante porque hace la distinción entre "guapo" y "achón". "El guapo o guapetón es casi siempre un cobarde que hace alarde de una condición que no tiene: de valiente. El "achón", por otro lado, es el hombre valiente, el que se dice en Cuba "que come candela". Téngase en cuenta que ambos son tipos "especiales" con una forma de caminar, con unos gestos que demuestran que viven de la guapería.

Pero uno es genuino (el achón) y el otro no (el guapo); un sinónimo del anterior es éste: *"no hay achón que sea chusmon"*.

Muy relacionado con los dos anteriores es este refrán: *"chusma que trompetea está flojo en la azotea"*. ("Trompetear" es asumir actitudes de guapetón. Estos guapetones, no tienen nada de valientes. En cuanto alguien los enfrenta, en forma decisiva, se echan a correr. Se les acaba la fama de guapetones. Por eso un chusma que quiere presumir de guapo, de guapetón, esta loco: "algo tiene en la azotea").

Nos adentramos, a continuación, en el área de la "chulería", es decir, de los hombres que viven de las prostitutas. Empezamos con: *"No hay chulo chusma sino cobarde"* (Es muy difícil encontrar a un chulo que sea "chusma". El chulo, de naturaleza cobarde, se veía mucho en Cuba. Pero no se veía un chulo que fuera chusma, aunque perteneciera a una clase social muy baja).

En este campo tenemos otros como: *"El chulo se da de fisto nunca de chusma"* ("Darse de fisto es "hacerse el muy educado"). (Este refrán es sinónimo del anterior); *"Chulito chusmón; no existe esta canción"* (Es, como se ve, sinónimo de los anteriores).

En otro campo, en el de la mujer, que veremos ahora, los refranes populares indican sabiamente el pensamiento del cubano. He aquí algunos que he recopilado a traves de los años: *"Blanquita que a la bodega va es chusma cantidad"* (En Cuba las mujeres no iban a la bodega –establecimiento de venta de artículos de primera necesidad–. La mujer que lo hacía –a menos que fuera la sirvienta de la casa– era objeto de la reprobación social); *"Mulata que chancleta" es chusma de batea"* (las mulatas que vivían en los solares –véase la definición en página anterior– como casi todas tenían unos cuerpos muy bellos y un trasero muy bien formado y prominente y caminaban con unas chancletas de palo a cuyo ritmo movían la parte glútea. Esto era considerado, por el cubano, una chusmería mayúscula. La mulata, en el solar, lavaba en una batea y cuando lo hacía movía el trasero. Esto era, también, considerado una chusmería); *"Blanquita que menea el trasero mala de enero a enero"*. ("Menear el trasero" en forma descompensada era un signo de chusmería). De este refrán he oido otra aplicación: *"Mulata que menea el trasero mala de enero a enero"*. Y otra forma en que interviene un cubanismo: *"Mujer que menea el trasero es "fu" de enero a enero*. ("Fu" es un cubanismo que significa "malo"); *"La mujer que manotea es chusma de batea"* ("Manotear" –palabra castiza–

es mover las manos exageradamente. "Chusma de batea" ha sido explicado arriba).

Del mismo cariz de este es: *"Mujer que trompetea, además de chusma, fea"*, y que se refiere al caso de la mujer que discute en forma descompensada; trompetear es el cubanismo.

De la misma manera, en cuanto al hombre hemos oído: *"Hombre que escupe de lado, chusma por todos lados"*. El escupir de lado se considera, en Cuba, de malísima educación y una grosería, así como una de las manifestaciones de la chusmería.

Por ultimo, sobre la mujer prostituta se han hecho refranes relacionados con la chusmería. Conocemos los siguientes: *"Puta y chusma no alumbra"* (No hay nada peor que una prostituta que muestra que es una chusma; que no lo oculta); *"Puta de pedigrí chusma en el alma"* (La llamada "puta fina" en castizo, es decir que no está en una casa de prostitucion sino que parece una persona decente. El cubano la llama puta con "pedigrí (pedigree), aunque no lo demuestre, es una chusma).

Relacionado con este tenemos: *"No hay puta que no sea chusma por fuera o por dentro"* (La prostituta que no lo demuestra es sin embargo, en su alma, una chusma).

En cuanto a una mujer chismosa, en Cuba llamada "de chapi y chalapi" tenemos: *"Mujer de chape y chalapi chusma al bate"*.

Para terminar, reitero: la chusmería cubana es una característica de un gran segmento de la población cubana que no se ha estudiado. Ella comporta una gran dosis de alegría y de "liberación del ego" que ha contribuido enormemente en el caracter de la nación cubana. (Una catarsis)

Además, la chusmería está unida al "relajo" y al "choteo" dos facetas importantísimas del pueblo cubano.

Como dije, al comenzar el estudio de la chusmería, su estudio no se ha llevado a cabo salvo el importante ensayo de Alvaro de Villa. Su relación con el lenguaje popular estaba por hacer. Se comienza con este pequeño estudio, que se espera será seguido por otros, dada la importancia del tema. Los linguistas cubanos quedan invitados.

# LA GRAN SABIDURÍA POPULAR: EL REFRANERO.

Tata Cuñanga, como ustedes recordarán, era el guaguero, el conductor, para ser más preciso, de la ruta catorce que iba por San Mariano.

Tata Cuñanga, como buen guaguero, hablaba con todo el mundo en la guagua. Hacía el viaje tirando cortes, cronometreando los semáforos, apostando a que pasaba la guagua "bien pagá" –la que costaba más cara– entre dos latones y no los tocaba; y dando consejos con su sabiduría popular.

El calor que soltaba el motor, de aquellos días en que había que meter mucho cloche y mucha velocidad, el sudor lo combatía Tata Cuñanga con su perfume "Capricho de mujer", que compraba en la Plaza del Vapor, en pomo grande.

Como el barbero, el guaguero cubano era socio de todos los que montaban en la guagua y se había convertido en "mi sangre" de los que veía a diario.

Era tan bueno, que esperaba, no yendo a mucha velocidad, que saliera del trabajo una criada, para llevarla a su casa y ahorrarle el pasaje. Tata Cuñanga que era poeta de la vida sentenciaba cuando alguien le confiaba que estaba enamorado: **El que no se inclina ante la mujer despachurra hombres.**

O sea, el que no se inclina ante una mujer carece de sensibilidad y es capaz de hacer cualquier cosa mala en la existencia.

Tirando cortes, Tata, que era Almendarista cien por cien, seguía la conversación. No era del Cienfuegos porque así filosofaba: **El Elefante es masa con colmillos y se los quitan.** Eso de que "el paso del elefante –lema del Club Cienfuegos– es lento pero aplastante" no iba con él.

Oía la conversación y creaba la sabiduría de pueblo. Por ejemplo, cuando un estudiante entraba con un libro le indicaba: "**El libro es bueno pero aprende a darle a la "nokel bol"** –nockel ball– lanzamiento especial en el juego de pelota-eh".

Seguía la conversación. Si Pedro no salía de su casa, esperando por el puesto que le ofrecieron en el gobierno, Tata terciaba: "**La primera que no se estira, negro, no coge bola".**

"La novia lo dejó", señalaba uno que iba en el primer asiento. Tiene él, muy mal carácter. Afirmaba Tata: **"Socio, guante que no se engrasa no coge bola". "Guante sin grasa, nague, no coge bola".** (Hay que ser suave).

Si oía otra conversación como ésta: "Pedro está fracasando en todo pero persiste", Tata sonreía y le espetaba: **"No te olvides tigre, que el que da mucho fao batea jonrón".**

"Es Tata que aspira a lo mejor". Tata reía, se tocaba el "nickel", el "Nicolás" "colao" en la oreja, echaba el palillo de medio lado y lo movía para el otro, y mientras metía un corte encima de una máquina, enseñaba: **El que se tira siempre en jon a la larga se cuela.**

Y hablando de cortes. ¿Han olvidado ustedes aquellos cortes? La guagua se le encimaba al automóvil y cortaba el guaguero en forma tal, que sólo cabía un palillo, una hierbita, entre su guardafango y el del carro.

"Lo afeitaste, Tata". **"El que no sabe afeitar, respondía Tata, que no use bigote".** Y continuaba: **"La navaja no sirve, hermano, si la mano no la lleva".**

"Le está poniendo resistencia", oía Tata, a alguien comentar. Rápidamente metía otra baza: **Cuidado con el que se poncha pero le tira duro a la pelota".**

Si le contestaban: "Tata, lo hace. Pero es bastante debilito", Tata comentaba: **Cuídate del que no tiene brazo que a lo mejor batea.**

La guagua era la vida humana en toda su dimensión. Existía, pues, el que contaba sus aventuras amorosas. Tata le enseñaba: **Oye Perico, la mujer que guiña el ojo trae mal de ojo.**

Si oía que una muchacha se jactaba de que el novio hablaba muy bonito, si era una conocida, Tata, con todo respeto, afirmaba: **El que come caramelo se endulza la boca pero por un rato.**

De la pelota, como se ha visto antes, había sacado una cantera de enseñanza. Se oía: "Me fastidia Tata, que el jefe se porte así conmigo. Voy a cantarle las cuarentas".

Antes de parar la guagua y tomarse el buchito de café –por eso llevaba el "nikel" en la oreja– Tata regañaba al hablante: **A veces hay que pasar a alguien con tres en base antes de que te batee jonrón.** Y antes de bajar le volvía a decir que tuviera paciencia: **Al que tira con pólvora le explota la escopeta en la cara.**

Su sapiencia criolla llenaba la guagua. Al pasajero que veía todos los días al Secretario del Ministro y éste no le resolvía, le daba este consejo: **"Mi socio, acuérdate que el que va en el estribo (de la guagua) si persevera, cuela"**. Al que lloraba porque sólo sacaba agua y carbón para vivir le informaba: **El que en vez de comer vive arañando se hace sangre.**

Al que quería operarse y andaba con remedios caseros se lo gritaba clarito: **Mi sangre, donde hay marabú, además, de candela, arado.**

El que hablaba del suceso del día y de que la mujer despreció al homicida le repetía: **Mira que darle luna llena al loco.**

Y así, entre corte y corte, Tata el Guaguero, Tata Cuñanga, iba destilando lo mejor del refranero popular.

Y cuando álguien le preguntaba: ¿Tata donde aprendiste eso, en los libros?, filosofaba: **"Los libros son buenos, negro, pero mucho enseñan los piñazos".**